FINAS FLORES
Mulheres Letristas na Canção Brasileira

Jorge Marques

FINAS FLORES
Mulheres Letristas na Canção Brasileira

ADRIANA CALCANHOTTO
MAYSA
FATIMA GUEDES
JOYCE
DOLORES DURAN

oficina
raquel

© Jorge Marques, 2015
© Oficina Raquel, 2015

EDITORES
Raquel Menezes e Luis Maffei

CAPA
Thiago Antônio Pereira

REVISÃO
Adolfo Silva

PROJETO GRÁFICO E DIAGRAMAÇÃO
Julio Cesar Baptista
jcbaptista@gmail.com

www.oficinaraquel.com
oficina@oficinaraquel.com
facebook.com/Editora-Oficina-Raquel

Marques, Jorge
    Finas flores: Mulheres letristas na canção brasileira - Jorge Marques. Oficina Raquel, 2015.

    136 p. ; 16 x 23 cm
    ISBN: 978-85-65505-70-3

    1. Ensaios brasileiros I. Letra de Música II. Feminino

CDD 869.4

Para Elódia Xavier e Fred Góes –
mestres em generosidade

SUMÁRIO

Apresentação 9

1 INTRODUÇÃO.. 11

2 A PALAVRA CANTADA E A PALAVRA ESCRITA 17
   2.1 A palavra e o acorde... 18
      2.1.1 O abismo 19

3 COM A PALAVRA, AS MULHERES 27
   3.1. Ó abram alas, Chiquinha vai passar!................... 28
   3.2. O vácuo 35
   3.3. As deusas *cults* da boemia................................. 37
   3.4. 1979 — Ano nacional da mulher na MPB.......... 42
      3.4.1. Uma mutante em busca de luz e amor 46
      3.4.2. A folia controlada de Joyce......................... 53
      3.4.3. Sutileza e criatividade: Fátima Guedes........ 57
   3.5. A autoria feminina pós-*boom* 61

4 O mato, o cheiro, o céu 67

    4.1. O vento frio e a vontade de chorar: Dolores Duran
       e Maysa rimam natureza com tristeza nos anos 50 68

    4.2. A natureza *natureba*.. 76

    4.3. A natureza possível... 86

5 Bandido Corazón 93

    5.1. A temática amorosa — autoria feminina na MPB
       dos anos 50 94

    5.2. A temática amorosa — autoria feminina na MPB
       dos anos 70 105

    5.3. A temática amorosa — autoria feminina na MPB
       dos anos 90 115

6 Conclusão... 119

Discografia consultada... 123

Bibliografia geral... 129

APRESENTAÇÃO

Caras leitoras e caros leitores, eis aqui um livro que foge ao jargão acadêmico sem perder o rigor de uma pesquisa séria.

A inovação já fica por conta do projeto acadêmico, uma vez que o autor, professor de Literatura Brasileira, elegeu como *corpus* de sua pesquisa composições do nosso cancioneiro popular, criadas por letristas mulheres. Obras de Dolores Duran, Maysa, Fátima Guedes, Joyce, Rita Lee e Adriana Calcanhoto fazem parte do recorte operado, no vasto e rico manancial da nossa MPB. Este o primeiro mérito do livro: o resgate das composições de autoria feminina do nosso cancioneiro, com ênfase na palavra poética cantada. E, para evitar qualquer dúvida, Jorge Marques começa falando da função poética da linguagem no poema e na letra de música, pertencentes ao mesmo universo — o da poesia. Mostra, porém, com sua preocupação analítica, que não são manifestações artísticas absolutamente idênticas, uma vez que composições musicais são feitas de texto mais melodia, enquanto o poema existe por si só.

Outro mérito do livro reside no painel de cunho histórico acerca da autoria feminina na MPB, tornando visíveis, hoje, nomes totalmente esquecidos, como Bidu Reis e Dora Lopes, por exemplo. O autor lembra o preconceito patriarcal que marginalizou as mulheres durante tanto tempo e incentiva pesquisadores e pesquisadoras a resgatar obras merecedoras de participarem do nosso brilhante acervo musical.

Ao estudar as obras das compositoras selecionadas, o autor optou pelo critério temático, uma vez que a análise das letras evidenciou a presença marcante de dois temas: a natureza e o amor. E, através dessa abordagem, obedecendo à diacronia, ele nos mostra as mudanças no tratamento de tais questões: este, o terceiro mérito do livro. De fato, é muito interessante observarmos como o amor em Dolores Duran, além de doação irrestrita, leva à total anulação da subjetividade feminina. Lá adiante, Rita Lee, já nos anos 70, se vinga dessa submissão, com uma atitude alegre e irreverente. Os ecos feministas começam a ressoar nas composições de Joyce e em Adriana Calcanhoto já temos a presença de recursos insólitos, com letras de fina elaboração. Maysa adere, como Dolores, à "dor de cotovelo", enquanto Fátima Guedes se preocupa com a condição feminina nas mais diversas classes sociais. Com o tema da natureza acontece a mesma coisa: com exceção de Adriana Calcanhoto, em cuja obra esse tema ocupa um espaço reduzido, nas demais compositoras percebe-se a manutenção dos pressupostos românticos.

Muito a propósito, li um artigo do crítico Nelson Motta, em *O Globo* de 04 de novembro de 2011, falando sobre a "banalização" da música popular. Este livro, *A fina flor da música popular brasileira*, ao valorizar letras de canções, pode ser considerado um antídoto a essa banalização.

E, para encerrar, destaco aqui mais um mérito do livro: o prazer estético que emerge da leitura das letras, nem sempre devidamente apreendido na escuta das canções. É evidente que esse prazer estético deve muito à análise feita por Jorge Marques.

Elódia Xavier
(Professora de Literatura Brasileira da UFRJ)

INTRODUÇÃO

"Salve o compositor popular!", já afirmou laudatoriamente Caetano Veloso em menção direta à obra ensejada por Chico Buarque de Hollanda. O senso comum instituído no Brasil, no que se refere ao universo da música popular, geralmente estende a outros artistas que ajudaram a construir o sistema hoje denominado de MPB o cumprimento de Caetano. Sendo assim, "salve o compositor popular" quer dizer, de certa forma, além de "Salve Chico Buarque", "Salve Gil", "Salve Aldir Blanc", "Salve Djavan", "Salve Milton Nascimento", "Salve Ivan Lins" e, claro, "Salve Caetano". A partir dessa enumeração colhida ao acaso fica, entretanto, a seguinte pergunta: e quanto às compositoras populares? O que fazer delas, visto que a saudação laudatória, ainda que construída linguisticamente dentro do padrão genérico, não parece efetivamente fazer-lhes menção?

O interesse pelo tema deste livro originou-se pelo fato de verificarmos que, se a música brasileira constitui, reconhecidamente, uma das mais importantes manifestações artísticas do manancial cultural de nosso povo, o ambiente acadêmico não lhe oferece, nem de perto, o prestígio correspondente. Dessa maneira, ainda são raros os estudos que se debruçam sobre o assunto. No que diz respeito ao estudo da obra de compositoras, o caso é ainda mais dramático. Com efeito, elas estão à margem da margem, porque, além de suas obras fazerem parte de um gênero que a academia insiste em rotular de paraliterário e considerar de menor qualidade artística, a autoria feminina na canção popular é sistematicamente posta de lado, através de um processo que redunda em consequências graves, que transitam entre o apagar e o esquecer.

Por outro lado, se nos transferirmos para o campo da literatura tradicional — ou seja, as produções em verso e prosa que, corriqueiramente, são eleitas para estudo na academia —, observamos que os trabalhos acerca das obras produzidas por mulheres têm constituído, já há bastante tempo, focos de extremo interesse por parte de pesquisadores que pretendem observar e refletir acerca dos caracteres e das particularidades desse tipo de produção. Difundidas com acentuada amplitude, tais análises multiplicaram-se no meio acadêmico, tomando espaço significativo nos cursos de pós-graduação em Letras. O contraste com o tratamento oferecido às letristas se evidencia, pois "pouco ou nada foi escrito sobre as nossas compositoras populares, daí a extrema originalidade do tema" (INSTITUTO CRAVO ALBIN, 2011). Assim, são raras as obras que tenham analisado, prioritariamente, produções de autoria feminina pertencentes ao nosso cancioneiro popular. Este livro possui, como objetivo principal, preencher tal vácuo. Por conta disso, esperamos estabelecer reflexões que, além de serem de utilizadas por estudiosos da área de Letras, também poderão interessar a pesquisadores de música popular e a todos os leigos que, de uma forma ou de outra, desejarem conhecer aspectos das canções a serem aqui analisadas.

Além do evidente interesse que um campo pouco explorado de pesquisa traz a qualquer estudioso, é necessário também ressaltarmos motivos de caráter subjetivo que se encontram na gênese desta pesquisa. Com efeito, quanto mais a temática se aprofundava e se enraizava no autor deste livro, vinham-lhe à mente distintas imagens da infância — por volta dos fins dos anos 70, início dos 80. A primeira delas relacionava-se com o fascínio impetrado por uma cantora ruiva, sardenta e engraçada que, apesar de diversas vezes cantar coisas então incompreensíveis a uma criança, fazia-a divertir-se a valer com cantos de adolescentes rebeldes a clamar desesperadamente por um carro emprestado ao pai. Óbvio que estamos citando Rita Lee e sua bem-humorada música "Papai, me empresta o carro". Outra imagem marcante dessa mesma época tem a ver com a singeleza de uma bela cantora a se apresentar em um festival de música popular na TV, fazendo todo um estádio cantar uma valsa (!) realizada para as filhas — um feito admirável, se levarmos em conta que o país mergulhava a fundo na moda da discoteca. Também aqui é evidente a citação: Joyce e sua marcante apresentação da música "Clareana", no festival MPB-80. E, finalmente, a sonoridade mais marcante até hoje para o autor deste livro corresponde ao som de uma voz aparentemente adolescente a cantar as belezas e benesses do campo — Fátima Guedes interpretando "Cheiro de mato" e causando um enlevo que, posteriormente, seria interpretado como o primeiro contato daquela criança com o prazer estético. Às três compositoras citadas juntaram-se, na execução deste trabalho, os universos fascinantemente melancólicos de Dolores Duran e Maysa, além da tessitura bem urdida de imagens e palavras da competente Adriana Calcanhoto.

Apesar de as mulheres serem numericamente inferiores aos homens que atuaram/ atuam na produção de canções, foi inevitável realizar um recorte de estudo. Nossa escolha recaiu sobre as compositoras já citadas, pois elas, dentro de suas respectivas épocas de atuação, lograram elaborar discursos representativos e influentes no devir de todo nosso sistema musical.

Embrenhar-se por uma área de estudos pouco explorada traz ao pesquisador sensações paradoxais: ao mesmo tempo em que há um grande conforto pelo fato de o pioneirismo favorecer a abordagem de diversos aspectos inéditos do tema, existe, no caso específico do cancioneiro popular do Brasil, limitações severas no que diz respeito ao acesso às fontes primárias de estudo. Esse entrave, superado após um exaustivo e rigoroso trabalho de pesquisa, revelou nomes apagados pela historiografia musical brasileira — como os das compositoras dos anos 40 do século XX —, trazidos à baila em nossa obra.

Cabe-nos informar que o trabalho está estruturado em diversos momentos. Em uma primeira etapa, promovemos considerações de ordem teórica acerca dos caracteres particulares da letra de música, levantando alguns traços que a diferenciam do poema. A seguir, estruturamos um amplo painel de cunho histórico acerca da presença feminina na MPB, enquanto força produtora de textos. Dessa maneira, partindo do pioneirismo de colaborações artísticas como a de Chiquinha Gonzaga, passando por várias gerações de compositoras e chegando até os dias atuais, refletimos acerca da presença da mulher em nosso cancioneiro popular enquanto estruturadora da palavra poética cantada.

Em etapa posterior do trabalho, focalizamos nossa atenção na análise detida das obras das compositoras mencionadas. Vale destacar que as produções das artistas encontram-se localizadas entre as décadas de 50 e 90 do século XX, períodos que constituem as etapas limítrofes de efetiva reflexão. É evidente, portanto, a importância da análise diacrônica em nosso trabalho, que abrange quarenta anos da história do cancioneiro popular do Brasil. Não obstante, detemo-nos nas décadas de 50, 70 e 90, visto que tais períodos constituem, a nosso ver, os que concentram as mais profícuas e representativas produções musicais de autoria feminina. Além disso, as três décadas supracitadas podem ser consideradas também como aquelas que tiveram condições de forjar três efetivas gerações de letristas mulheres. Em tais momentos, as compositoras não constituem apenas artistas de mero fulgor individual, já que mantêm entre si vínculos estilístico-temáticos que as unem. Há, portanto, um espírito de época que as integra.

Expressões como "dos anos 50" ou "dos anos 70" correm o risco de parecer limitar a produção de uma compositora a determinada faixa de tempo, o que não constitui nosso objetivo. Pelo contrário, as expressões acima destacadas referem-se, no caso específico de nossa análise, ao momento em que surgem ou se consolidam as carreiras das letristas em questão. Isso significa dizer que consideramos Dolores Duran e Maysa como dos anos 50 pelo fato de o surgimento estrondoso de suas carreiras ter ocorrido nessa década — o que, por outro lado, não limitará nossa análise às canções elaboradas por elas somente nesse momento. Ainda no universo da exemplificação, podemos afirmar, em contrapartida, que Joyce, apesar de ter surgido ao público em 1968, com o lançamento de seu primeiro álbum, somente nos anos 70 realmente consolidou sua carreira. Nessa década, a cantora/compositora provou não ser artista de somente um ou dois trabalhos, estourou na mídia com alguns de seus maiores sucessos e passou a ser letrista solicitada por grandes nomes da canção brasileira, o que a habilita a ser classificada como uma "compositora dos anos 70", mesma identificação dada a Fátima Guedes e a Rita Lee. Quanto a Adriana Calcanhoto, letrista dos anos 90, teve nesse decênio a consolidação de seu patrimônio artístico perante público e crítica.

A partir das observações lançadas acima, fica evidente que este livro encerra seu objeto de estudo no final do século XX. Fica então desde já o convite para que outros pesquisadores façam a análise de como a autoria feminina na canção brasileira se desenvolveu a partir dos anos 2000.

Nossa metodologia de estudo dos textos de cada uma das compositoras citadas parte da investigação de dois núcleos temáticos: a natureza e o amor. A eleição desses temas deve-se à sua recorrência nas das obras das seis compositoras mencionadas. A divisão empreendida tem por objetivo sistematizar, de forma didática, a análise da produção das compositoras. A opção por um estudo calcado a partir da análise de núcleos temáticos não deve constituir uma camisa de força, mas advém tão somente como elemento organizador. Além disso, os núcleos trabalhados possuem subtemas que, unificados, oferecem uma visão significativa do manejo artístico traçado pelas compositoras em seus diferentes momentos históricos. Dentro desse aspecto, não só observamos as semelhanças e divergências existentes nos tratamentos oferecidos pelas diversas gerações de letristas ao amor e à natureza, mas analisamos o grau de similitude existente nos procedimentos executados por compositoras pertencentes à mesma faixa geracional.

Além de encerrarmos nosso objeto primeiro de estudo dentro dos limites dos núcleos temáticos anteriormente citados, selecionamos um número limitado de canções a serem analisadas. O *corpus* privilegiado em nosso recorte nos leva a determinar que o objeto de investigação abordado neste livro é constituído por apenas parte das produções de Adriana Calcanhoto, Dolores Duran, Fátima Guedes, Joyce, Maysa e Rita Lee. O critério básico utilizado para a seleção de tais textos é a representatividade que cada um deles assume dentro das obras das letristas.

A análise detida das produções artísticas de cada uma das compositoras levou-nos a incluí-las no universo da *fina flor* da música popular brasileira. A expressão em destaque, sintagma de sentido consagrado que remete ao que existe de melhor dentro de determinado universo, é utilizada por Fátima Guedes em uma canção de sua autoria, na qual o eu-lírico afirma ser "a fina flor da mulher brasileira" (1993). Por semelhança de termos e por extensão, este livro examina, de modo detido e através de análise teórica adequada, *a fina flor da música popular brasileira*. Finas flores femininas: facção excluída, à espera do preenchimento das falhas que guardam, excluem, escondem e lançam para o ostracismo as obras dessas compositoras.

Resulta daí o apelo a pesquisadores e estudiosos — sejam eles da área de Letras ou de música popular:

Salve as compositoras populares!

Retirem-nas do limbo da secundariedade artística no qual se encontram sistematicamente alijadas pelos meios culturais!

Reconheçam a excelência de seus legados artísticos!

Salve Bidu Reis, Dora Lopes, Dilú Mello, Ester Delamare, Lina Pesce, Maria Helena Toledo, Regina Werneck, Stelinha Egg, Teresa Souza, além de todas as outras compositoras esquecidas pelo cânone e, sistematicamente, lançadas ao remoto campo do esquecimento.

Salvar as autoras femininas da música popular brasileira é analisar, refletir, sistematizar conhecimentos acerca da produção por elas ensejada; é retirá-las do ostracismo e incluí-las no campo do consagrado; é levar seus nomes ao grande público; é, por fim, reconhecer as importantes contribuições que essas mulheres deram ao nosso cancioneiro popular.

Esperamos que nossa obra colabore, de um modo ou de outro, com esse necessário e urgente projeto de resgate.

A ESCRITA DA PALAVRA CANTADA E A PALAVRA

Muitos dos estudos que, pioneiramente, ensaiaram promover a análise de textos de canções, partiram de pressupostos que igualavam poema e letra de música, identificando absolutamente tais manifestações de expressão artística. No capítulo que ora iniciamos, estabelecemos ponto de vista teórico próprio acerca de tal questão, levantando hipótese de trabalho que norteia todo o livro. Este tópico constitui, portanto, elemento-chave para o decorrer de nossas reflexões.

Na verdade, a problemática a ser aqui discutida é, ainda hoje, fruto de inúmeras controvérsias e discussões, o que ratifica o fato de os analistas não terem ainda chegado a um consenso acerca do assunto. O interesse suscitado continuamente pela questão explica, por exemplo, a polêmica ocorrida em agosto de 1995 nas páginas do *Jornal do Brasil*, que manteve poetas, letristas e críticos em pólos diferentes, estando alguns a defender a igualdade entre letra de música e poema enquanto outros manifestavam ponto de vista radicalmente oposto a tal posicionamento.

Portanto, tal questão não constitui unanimidade entre os estudiosos do assunto, que a debatem continuamente. Apesar de as considerações aqui apresentadas serem sistematizadas de maneira concisa, elas atingem perfeitamente seus objetivos, dando conta da temática a ser discutida.

2.1 A palavra e o acorde

Cada uma palavra é a minha vida
Cada acorde é um pedaço de mim
(JOYCE)

O trecho anterior dimensiona, de modo especial, os caracteres pertencentes à canção. Fruto da simbiose de palavra e acorde, a canção é realizada de maneira plena quando esses elementos se fundem. Difere, consequentemente, do poema, construção alicerçada exclusivamente sobre os pilares da palavra escrita. Evidente é, porém, que diversas estruturas referentes ao poema possuem, em seu cerne, a constante busca pelo ritmo melódico — não nos esqueçamos, por exemplo, dos textos pertencentes ao estilo simbolista. Apesar disso, poema e letra de canção são manifestações artísticas de naturezas bastante distintas. Essa hipótese de trabalho desautoriza, portanto, qualquer fala um pouco mais precipitada que tenha por objetivo igualar as duas manifestações. O quadro estabelecido a seguir contém um esquema que sistematiza nossas reflexões e torna mais claro nosso ponto de vista:

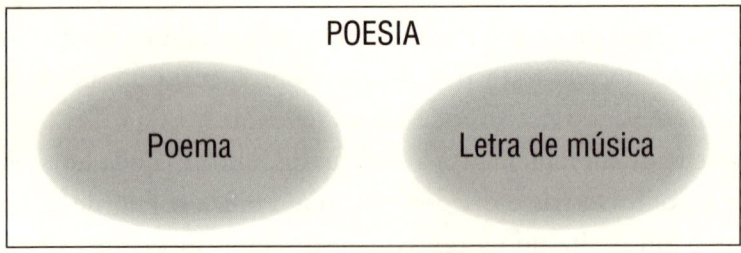

Podemos notar que poema e letra de música fazem parte de um mesmo universo, abarcado plenamente pela poesia. Não podia, aliás, ser de outra maneira, já que, em ambas as manifestações artísticas predomina a função poética da linguagem. Observemos, a esse propósito, a seguinte assertiva de Francis Vanoye:

> Dada a necessidade de imbricar necessariamente melodia, ritmo e letra, é nesse tipo de realização [a canção] que se pode notar

de maneira muito clara a função poética da linguagem (...). Sem falar das rimas, saliente-se que as letras das canções recorrem frequentemente às onomatopeias, às sílabas vazias de sentido, destinadas a serem sustentadas pela melodia, com uma função puramente poética. A canção, sobretudo a popular, é o lugar de uma espécie de êxtase verbal onde se pode assumir o prazer da diversão com as palavras, os sons, as assonâncias, dissonâncias, rimas, imagens absurdas e o nonsense. A canção é, às vezes, por isso mesmo, a linguagem em liberdade (1987, p. 178).

Apesar de, tanto na letra de canção quanto no poema, ser predominante a função poética, não basta a existência de tal fato para podermos afirmar que ambas as manifestações artísticas constituem fenômenos equivalentes. Ainda observando o quadro estruturado anteriormente, podemos concluir rapidamente que letra de canção e poema são manifestações artísticas que, apesar de dividirem um mesmo universo — o da poesia —, constituem planetas cujas órbitas mantêm caracteres particulares. Letra de música e poema, guardadas as devidas proporções, mantêm, no universo artístico, distância tão grande quanto a que separa Terra e Marte na galáxia. Apesar de serem planetas portadores de particularidades bastante diferenciadas, Terra e Marte possuem elementos em comum, dentre os quais se destaca o fato de estarem inseridos na Via Láctea; da mesma maneira, poema e letra de canção são produções possuidoras de características diversas, não obstante convergirem à medida que compartilham o universo da poesia. Por isso, letra de canção e poema, embora possuam traços em comum, não se identificam totalmente.

2.1.1 O abismo

O poeta Manuel Bandeira já dizia que poema e canção, embora possuam afinidades, são artes separadas por um abismo. Nesse caso específico, o abismo mencionado por Bandeira é formado por uma série de elementos que distanciam as duas manifestações, diferenciando-as.

A função poética da linguagem, predominante tanto em letras de música quanto em poemas, tem sua ênfase concentrada na mensagem do texto. A despeito de tal fato, produziremos, a partir deste ponto, a análise detida do posicionamento de emissor e receptor dentro das duas espécies de texto a serem aqui diferenciadas.

Como já afirmamos anteriormente, a canção constitui entidade autônoma, formada pela fórmula texto + melodia. A soma desses dois elementos promove a diferenciação básica entre letra de canção e poema. Ao elaborar o texto, o letrista tem em mente que sua produção será inserida e adaptada às harmonias elaboradas pelo músico[1]; difere, portanto, do poeta, que, em princípio, pensa exclusivamente no texto a ser estruturado. Observemos, a esse respeito, depoimento do letrista Ronaldo Bastos ao tratar da especificidade da letra de canção:

> A letra não existe sem a música, está ligada à canção. (...)
>
> Ela [a letra] não existe isoladamente. Tenho a impressão de que fazer uma letra é como criar uma escultura clássica. Você tem um bloco de mármore e tira dali tudo o que não é escultura. Uma letra já existe dentro da melodia. Às vezes escrevo a partir de um título ou de uma história que ouvi do compositor da música. Às vezes, começo pela metade, às vezes pelo fim. Não há receitas.
>
> Há palavras que não fazem parte do vocabulário da música popular, não pertencem ao repertório. (...) É que existem palavras que ainda não encontraram sua melodia. Elas têm que chegar no momento preciso. (In: CLEUSA, 1991, p. 2.)

Depreendemos, portanto, da fala do compositor que, não existindo isoladamente, a letra tem o auxílio da melodia para tomar forma de maneira plena. Por outro lado, a melodia só tem razão de existir, no universo da música popular, enquanto acompanhante da letra. Não há, portanto, a subordinação de uma em relação à outra. Daí, resulta que "podemos observar que uma letra sozinha (...) é, por exemplo, como o roteiro de

---

[1] Tal exemplo supõe, logicamente, que a produção da canção seja fruto de uma parceria, fenômeno no qual há a presença de um (ou mais) letrista e de um (ou mais) melodista(s).

um filme, isolado dos outros elementos que fazem uma obra cinematográfica existir como unidade" (GÓES, 1993, p.76).

Importa também observarmos o interessante trecho final do depoimento, no qual o letrista destaca que, no texto de canção, algumas palavras são incabíveis — ou, ao menos, não conquistaram ainda seu lugar —, visto que devem se integrar à melodia e ao ritmo da canção. A opinião vai ao encontro do que afirma Fred Góes:

> Verifica-se, com frequência, que alguns vocábulos que, dentro do corpo de um poema, dão fluência à musicalidade desejada, respeitando a métrica e a rima, quando transpostos para a forma musical (transformando o poema numa letra de música) soam estranhos, quebram o fluxo, parecem destoar. (1993, p. 76)

As palavras do estudioso explicam o porquê de resultados de projetos artísticos bem intencionados que consistem na "musicalização" de poemas acabarem, por vezes, alcançando resultados pouco satisfatórios.

A inserção de um texto que deve ser conjugado a uma estrutura melódica constitui práxis específica da canção. Ao escrever um poema, o trabalho do autor com a palavra é diverso de quando ele produz uma letra de música. A este respeito, Roberto Pontes afirma: "Sou um integrante da (...) poesia da geração 60. Também componho (música e letra) (...). Quando escrevo um poema tenho uma intenção: ao escrever uma letra a intenção é outra" (1995, p. 8).

De forma absolutamente concisa, o depoimento acima traz uma informação preciosa, que consiste na diferenciação das intenções de letristas e poetas. No ato de produção do poema e da letra de música, podemos notar que há diferenciação básica, que consiste na intenção e, principalmente, no manejo da palavra, donde podemos concluir que as produções de letra de canção e poema passam por caminhos bastante diversos: há, naquela, a presença de melodia, harmonia e arranjos dentro dos quais deve o texto se inserir, o que acaba por direcionar o trabalho do compositor por caminhos diversos do trabalho do poeta.

Passemos agora à análise detida acerca do comportamento da figura do receptor do texto na letra de canção e no poema. Com efeito, podemos notar facilmente que sua atitude difere, em muito, ao tomar contato com uma e outra manifestações artísticas. O receptor do poema assimila o texto, basicamente, a partir de sua visão, enquanto a canção é assimilada pelo receptor a partir de seu aparelho auditivo. Parece-nos claro que, enquanto aquele constitui uma *partitura para os olhos*, esta constitui uma *partitura para os ouvidos* do receptor[2]. Corroboram o nosso posicionamento palavras como as do letrista e poeta Geraldo Carneiro, segundo as quais os textos que compõem a canção "são (...) para serem escutados, eles não têm a dimensão da visualidade. Precisam ter uma clareza maior, uma complexidade menor. Tudo isso faz parte do universo da canção (...)". (In: NETO, 1995, p. 1)

Além disso, na recepção da canção há outro fator básico que, via de regra, inexiste quando da recepção do poema: a presença de um intérprete que, dando voz ao texto do letrista, insere generosas doses de emoções particulares, surpreendentes até mesmo para o compositor. A mensagem da canção chega ao receptor, portanto, já filtrada pela interpretação do cantor, que insere na obra uma gama de sugestões emotivas. Em casos extremos, o intérprete pode chegar até mesmo a agir quase como um coautor da canção — isso fica mais claro caso lembremos como um mesmo texto pode assumir conotações bastante diferenciadas, dependendo das interpretações sofridas. Evidentemente, por outro lado, um poema pode ser recitado e, à sua moda, dito por outrem que não o autor; porém, o receptor, majoritariamente, toma contato com tal manifestação artística a partir do contato com o texto impresso. Dessa forma, parece ser claro que as recepções de poema e de letra de canção passam por caminhos eminentemente variados, pois, enquanto no primeiro caso "o intérprete (...) é o próprio leitor" (GÓES, op. cit., p. 82), no segundo a recepção se faz através de uma mensagem filtrada por uma entoação que pode sugerir uma gama de emoções não elaboradas originalmente pelo compositor.

Na obra *Letras e letras da música popular brasileira* (1988), Charles Perrone lança algumas bases que podem nos ajudar a melhor compreender as particularidades da letra de canção enquanto entidade artística autôno-

---

[2] As terminologias em destaque foram cunhadas por Fred Góes, em estudo já mencionado.

ma. Além dos pontos já destacados e analisados em nosso texto, o estudioso observa que, promovendo a diferenciação entre canção e poema, evitamos um equívoco relativamente comum: avaliar uma letra de canção a partir dos mesmos parâmetros pelos quais se avalia um poema e promover um juízo de valor negativo acerca da qualidade daquela. Ora, é evidente que tal atitude incorre em um erro procedimental crasso: confundir as duas manifestações artísticas. Apesar disso, tal postura ainda constitui fenômeno bastante comum, do qual não escapam nem mesmo críticos cujas falas sempre foram marcadas pelo bom senso. É o caso de Antônio Carlos de Brito que, em momento de extrema infelicidade, produziu a seguinte assertiva:

> E hoje há pouca gente que sustenta o nível do talento individual que foi um Mário de Andrade, um Manuel Bandeira, o Drummond. Hoje não tem teoria, escola, tradição que regule nada. Sobrevive quem tem força (...). Mas isso é raríssimo. Porque mesmo os grandes poetas da música popular — o Chico, o Caetano, o Paulinho da Viola —, se você pegar os textos deles e puser num papel pra ler, vai ver que eles são do terceiro time da moderna poesia brasileira. (1982, p. 4)

A comparação estabelecida no trecho anterior constitui equívoco absoluto, já que, metodologicamente, é de uma inadequação extrema estabelecermos juízos de valor para duas manifestações artísticas diversas utilizando-nos de critérios únicos. Além disso, como já afirmamos, a letra de canção é, originalmente, concebida para ser escutada e não para ser lida, como sugere o crítico no trecho acima.

Em fala posterior, Antônio Carlos de Brito reavaliaria seus posicionamentos primeiros da seguinte maneira:

> Fui alegre no raciocínio e triste nas conclusões (...). De fato, é descabida a suposição de que entre compositores e escritores ou entre letras de música e poema haja um *continuum* (...). Por mais que se façam alianças, que se influenciem, que se invadam mutuamente, essas expressões são em si mesmas incomparáveis. (...) É,

> pois, sem cabimento tomar as letras do Chico, do Paulinho, do Caetano, ou de qualquer outro compositor, desvinculadas das respectivas canções, e apreciá-las segundo os mesmos parâmetros que empregamos na leitura e avaliação de poemas. (1982, p. 4)

Dentro de tal ótica, parece absurdo hierarquizarmos poema e letra de canção, julgando ser o primeiro superior à segunda, conforme alguns estudiosos o fazem, em um flagrante caso de desinformação. Acerca de tal postura, afirma o crítico Charles Perrone:

> Uma letra (...) é, em primeiro lugar, um texto integrado a uma composição musical, e os julgamentos básicos devem ser calcados na audição para incluir a dimensão sonora no âmbito da análise. (...) O que deve ser evitado é reduzir uma canção a um texto impresso e, a partir dele, emitir julgamentos literários negativos. (Op. cit., p. 14)

Nada impede, por outro lado, que um texto produzido originalmente para ser acompanhado por uma melodia possa lograr subsistir sem o acompanhamento desta. Vários são os casos de letras de música que se inserem em tal condição. Foi, talvez, constatando tal nível qualitativo que Augusto de Campos (1993) produziu, em fins dos anos 60, a célebre assertiva que afirmava que o que de melhor se estava fazendo em termos de poesia no Brasil era produzido por compositores da MPB.

Por outro lado, a canção faz parte de um produto mais amplo — o álbum —, e este se insere dentro de um padrão já estabelecido pela indústria fonográfica[3]. É, assim, que, ao adquirir uma obra de determinado intérprete em loja especializada, o consumidor leva consigo muito mais do que a junção de letras e melodias. Leva, também uma série de elementos que, juntos, formam o produto final. Dentre tais elementos, um dos que mais se destaca é o encarte, que contém as letras dos compositores.

---

[3] Levemos em consideração que, no período histórico coberto por este livro, o fenômeno da internet e, por conseguinte, do acesso gratuito às canções, não havia ainda se estabelecido. Desse modo, a crise que atingiu em cheio o mercado do disco ainda não ocorrera.

Ora, é óbvio que o nível de sofisticação atingido pela indústria já alcançou um patamar que, muito mais do que somente conter uma série de textos, há também nos encartes uma gama de referências de cunho visual que se destinam, muitas vezes, a forjar a imagem pública do artista em questão. Por isso mesmo, apesar de, na maioria das vezes, os grafismos e desenhos contidos nos encartes, capas e contracapas de álbuns não serem de autoria dos cantores e compositores, parece ser extremamente importante promovermos sua análise, visto que eles podem nos ajudar a melhor compreender a imagem do artista empreendida pela indústria cultural.

A partir de todos os elementos reunidos, parece lícito afirmarmos que poema e letra de canção não constituem manifestações artísticas absolutamente idênticas; antes, apesar de possuírem aspectos em comum, ambas só podem ser entendidas de maneira satisfatória caso sejam levadas em conta as suas características particulares, fato que nos possibilita melhor compreender as suas respectivas naturezas.

COM PALAVRAS DE MULHERES 3

Neste capítulo, propomo-nos a apresentar um painel da presença de mulheres compositoras no decorrer da história da música popular brasileira, de seus primórdios até fins do século XX. Preencheremos um inexplicável vácuo, visto que, até os dias de hoje, ainda não foi contada a história de nosso cancioneiro popular sob o prisma da participação feminina. Não produziremos aqui, porém, uma análise exaustiva; antes, este painel pretende somente pontuar momentos de considerável relevância. Além disso, pretendemos nos deter na abordagem das obras das seis compositoras que aqui figuram como objeto primeiro de análise.

Ao lermos os diversos compêndios que se dedicam a historiar a música popular brasileira, podemos notar que, de maneira geral, tais manuais promovem descrições lineares nas quais a presença de mulheres limita-se, na maior parte das vezes, à enumeração de alguns nomes. Em alguns casos, dá-se relevância a esta ou àquela compositora; de maneira geral, porém, podemos constatar que os manuais consagrados alijam a segundo plano as figuras de mulheres que ajudaram a construir o nosso cancioneiro popular. Assim, sem o aval das obras teóricas de referência de nossa crítica musical, várias de nossas compositoras restam rejeitadas sistematicamente pelo cânone.

Em termos numéricos, as mulheres sempre tiveram participação menor enquanto produtoras de canções no meio musical brasileiro. Tal fato tem, entre outras causas, os preconceitos seculares que estigmatizavam aquelas que ousavam desvirtuar-se das regras impostas pelo patriarcado. Espaço destinado prioritariamente aos homens, o meio artístico-musical sempre primou por constituir local onde estes davam vazão à criatividade, produzindo peças nas quais imaginação e invenção marchavam lado a lado. Ora, realizando a análise etimológica do vocábulo *compor*, observamos que o termo se origina do latim *compono, -ere*, que significa "produzir, inventar". É notório que somente inventam e produzem aqueles que agem de maneira ativa dentro de seu meio social, assumindo, por conseguinte, o papel de formadores de opinião. Há, portanto, um flagrante descompasso entre a etimologia de *compor* e o papel reservado, pela sociedade patriarcal, às mulheres. Tal sociedade, delegando a elas um papel passivo, impede, de maneira geral, que o ato de compor — possuidor de um caráter ativo — seja por elas exercido.

Imiscuindo-se no meio da música popular, as mulheres acabariam por conviver com um meio notadamente boêmio, onde a supremacia numérica de homens era, como já dissemos, algo flagrante. O verdadeiro círculo fechado, formado por homens compositores, iria, em muitos casos, promover a rejeição às mulheres que tentassem penetrar nos meios musicais. Essa atitude, revestida de preconceito explícito, revela as dificuldades enfrentadas pelas mulheres que, na história do cancioneiro popular do Brasil, assumiram o papel de compositoras. Não deixa de ser sintomático que colaborações pioneiras, como a do "maior vulto feminino da música brasileira" (ALVES, LIMA, 1995, p. 1), sejam recheadas de coragem, talento e admirável persistência.

3.1. Ó abram alas, Chiquinha vai passar!

Durante mais de meio século, Francisca Edwiges Neves Gonzaga compôs choros, gavotas[1], habaneras[2], marchas, maxixes, modinhas, polcas, tangos e valsas, entre outros gêneros. Sua atividade dentro do meio musical durou

---
[1] Antiga música de origem francesa.
[2] Música de origem afro-cubana difundida na Espanha.

exatos 56 anos[3], nos quais a artista trabalhou ativamente para que nosso cancioneiro popular atingisse feições próprias. Não foi à toa que Edigar de Alencar a denominou como "a princesa Isabel da nossa alforria musical" (1971, p. 89). Porém, antes dos louros e dos aplausos colhidos em seu final de vida, a compositora teve de vencer uma série de barreiras que impediam uma jovem respeitosa de entrar nos boêmios redutos musicais. Assim, em seu caso específico, é lícito afirmarmos que há uma clara conjugação de sua trajetória artística com seu percurso pessoal.

Quando Francisca Gonzaga nasceu no Rio de Janeiro, a 17 de outubro de 1847, a acanhada cidade, de cerca de 250 mil habitantes, "mal passava do Campo de Santana a oeste e do Largo do Machado ao Sul" (DINIZ, 1984, p. 25). Filha natural do tenente José Basileu Neves Gonzaga e de Rosa Maria de Lima[4], Chiquinha — como era chamada na intimidade por seus familiares — teve uma educação típica das moças do século XIX: instruída por um cônego, aprendeu a ler e a escrever, teve noções de idiomas estrangeiros e cálculo. Além disso, como era de bom tom para uma jovem naqueles idos, aprendeu a tocar piano. Os conhecimentos adquiridos por Chiquinha faziam parte de um senso comum que concebia a educação feminina unicamente enquanto uma preparação para o casamento. Dessa maneira, para que uma moça fosse considerada "prendada", não era necessário que tivesse uma educação caracterizada pelo esmero. Não é à toa que um dos mais populares provérbios em voga no Brasil do século passado afirmava que "uma mulher já é bastante instruída quando lê corretamente as suas orações e sabe escrever a receita da goiabada. Mais do que isso, seria um perigo para o lar" (EXPILLY, 1977, p. 269).

---

[3] Para realizarmos esse cálculo, levamos em conta a estréia oficial de Chiquinha Gonzaga enquanto profissional, fato que se deu quando da publicação da valsa "Atraente" (1877). Entretanto, é sabido que, já aos onze anos de idade, Chiquinha Gonzaga elaborou sua primeira música, em parceria com o irmão, Juca Gonzaga.

[4] Apesar de bastarda, pois nascida fora do casamento, Chiquinha Gonzaga foi assumida de imediato por José Basileu, apesar dos protestos do pai deste, o brigadeiro José Feliciano, que não desejava ver a vida de seu filho unida à de Rosa Maria que, além de pobre, era mestiça. A contrariedade do brigadeiro, porém, não alcançou resultados efetivos, visto que José Basileu, além de assumir a filha, passou a viver com ela e com Rosa em uma residência na Rua Nova do Príncipe (atual Rua Senador Pompeu).

A jovem Francisca cumpriu, a princípio, os preceitos ditados pelo *status quo*: noiva aos 13 anos de idade, aos 16 casou-se com Jacinto Ribeiro do Amaral. Tinha tudo para seguir os caminhos típicos de uma dama de sua época, não fosse a sua rebeldia que preferia trilhar searas novas e vedadas a uma mulher pertencente à classe burguesa. A forma de rebeldia escolhida por Chiquinha foi a prática da música. Proibida por seu marido de tocar um instrumento, ela acabou recebendo o ultimato: "ou o casamento ou a música". Chiquinha não titubeou e optou pela música e pela liberdade.

O caso Chiquinha Gonzaga constitui uma exceção à regra[5], que só teve condições de tomar corpo em função, exclusivamente, da forte personalidade e dos brios da protagonista da história. Desrespeitando as regras da sociedade da época, ela lutou para dirigir de modo autônomo seus caminhos pessoais e artísticos. Evidentemente, encontrou uma série de dificuldades: renegada pela família após a separação, somente a muito custo conseguiu manter financeiramente a si e a João Gualberto, seu filho mais velho[6]. A sobrevivência foi garantida pela música: "Ela transforma o piano de mero ornamento em um meio de trabalho e instrumento de liberação. A tarefa exigia talento, coragem e capacidade de trabalho. Isso não a assustava" (DINIZ, op. cit., p.91).

Com a ajuda do flautista Joaquim Antonio Callado, Chiquinha teve acesso aos meios musicais, e logo começou a assinar suas próprias obras. Foi assim que, em 1877, com a publicação da valsa "Atraente", ela estreou profissionalmente como compositora. O sucesso não tardou a chegar. Produzindo e vendendo suas composições, Chiquinha Gonzaga provou que era possível uma mulher subsistir unicamente de música. Entretanto, ela sabia que o tipo de canção por ela criado poderia alcançar êxito ainda maior caso fosse aproveitado nas diversas operetas musicais montadas na época. A esse respeito, notemos a pertinente observação de Edinha Diniz:

---

[5] Ao contrário do que é possível imaginar, porém, não foi um caso exclusivo de rebeldia artística feminina. Nomes como o de Cinira Polônio, atriz, compositora e maestrina também radicada no Rio de Janeiro, dão conta de que Chiquinha Gonzaga, apesar de ser a figura que alcançou maior notoriedade, esteve longe de ser a única.

[6] Além de João, Chiquinha teve ainda dois filhos: Maria do Patrocínio e Hilário. Após a separação, ambos passaram a ser criados pela família da compositora.

> Um grande fator de popularização da música de Chiquinha Gonzaga consistiu no fato dela ter trabalhado para teatro, sem dúvida o mais importante meio de divulgação da produção popular. Música utilizada em teatro popular nesta época era música declaradamente popularizável. (p. 113)

Em 1885, após várias tentativas frustradas, finalmente Chiquinha Gonzaga conseguiu musicar o libreto de uma peça. Se tal antes não ocorrera, certamente havia sido em função do preconceito de diversos empresários, que se recusavam sistematicamente a levar ao palco uma peça cujas canções fossem assinadas por uma mulher. Com *A corte na roça*, entretanto, Chiquinha logrou compor as músicas de uma opereta, sonho há muito por ela acalentado. Já nessa estréia no mundo teatral, a marca da compositora se fez notar, com a presença maciça de ritmos nacionais na partitura. O que mais chamou a atenção de público e de crítica, no entanto, foi a singular presença de uma mulher exercendo o papel de maestrina:

> A novidade estava no fato de ser uma opereta escrita por uma mulher, coisa rara na história da música, e inédita no país: era a primeira vez em nossos teatros que se representava "uma peça posta em música por uma mulher!" A imprensa chamava a atenção para a originalidade do trabalho da autora. (...) Os elogios não foram poupados: música bem instrumentada, alegre, saltitante, cheia de mimo e de caráter nacional. (p. 118)

O teatro foi o veículo de consagração definitiva da música de Chiquinha Gonzaga. Através dele, a compositora conseguiu, efetivamente, fazer com que seu nome fosse querido pelo público e respeitado pela crítica. Sua prolífica produção levou a cabo mais de sessenta partituras para peças teatrais, alcançando, em grande parte delas, um inquestionável sucesso. Produções como *Abacaxi!*, *Forrobodó*, *Pomadas e farofas*, *O esfolado* e *Zizinha Maxixe*, entre várias outras, constituíram alguns dos grandes sucessos da carreira de Chiquinha no mundo teatral. Observando os títulos das peças acima citadas, podemos verificar, com grande facilidade, que a preferência da compositora recaía, sem dúvida alguma, sobre uma produção acessível ao grande público. Não causa estranheza, portanto, a frequente opção por ritmos leves e dançantes durante todo o decorrer de sua carreira. Ela ajudou a cunhar a forma brasileira de se fazer música, assimilando as influências estrangeiras e aclimatando-as à nossa realidade. Dessa maneira, dados de origens diversificadas se misturam em sua obra, resultando, porém, em um produto absolutamente original: a música brasileira. E assim, produzindo saltitantes maxixes e alegres polcas, Chiquinha Gonzaga ajudou a dar uma face própria ao nosso cancioneiro. Juntamente com Ernesto Nazareth[7], ela elaborou canções, hoje clássicas, que documentam uma fase na qual a música brasileira deixava de copiar modelos estrangeiros para criar um perfil particular.

A maior parte da obra de Chiquinha reside em peças de caráter instrumental. Não obstante, ela produziu letras que se tornaram conhecidas rapidamente pelo público. É o caso, por exemplo, das famosas "Lua branca" (valsa) e "Ó abre alas!" (marcha carnavalesca). Apesar da qualidade dos textos, há um consenso de que a importância vital de Chiquinha Gonzaga para a música brasileira consistiu na elaboração de melodias em que os elementos nacionais aparecem de modo flagrante. A opção pela leveza e alegria de ritmos se dava incessantemente, o que, aliás, não era algo bem visto pela sociedade da época:

> Uma mulher de má-fama, metida em rodas boêmias, compositora de músicas indiscutivelmente saltitantes com títulos atrevidos[8] era provocação demais para uma sociedade que começava a tornar-se alegre mas não abandonara a atitude respeitosa. Se ao menos mantivesse o recato escrevendo sonatas e recitativos com títulos românticos, talvez a aceitação social do ineditismo fosse

---

[7] Ernesto Nazareth (1863-1933), compositor contemporâneo de Chiquinha Gonzaga, elaborou uma obra que constituiu peça fundamental na história do cancioneiro popular do Brasil. Autor, entre outros, dos hoje clássicos "Odeon" e "Apanhei-te, cavaquinho!", o perfeccionista Nazareth ajudou a dar uma face própria à música brasileira, cultivando ritmos que pouco tinham a ver com os ditados pelas modas européias.

[8] Entre outros "títulos provocantes" destaca-se, além da já citada valsa "Atraente", o tango intitulado "Sedutor".

mais pacífica. Afinal a dama e até mesmo a mulher da sua época tocavam piano regular e extensivamente, algumas chegavam mesmo a compor, outras até editavam, mas nenhuma ousava tanto. *A música delas não ultrapassava a porta da rua.* (DINIZ, op. cit., p. 102 — o grifo é nosso)

Eis, portanto, o maior pecado cometido por Chiquinha Gonzaga: sua música ultrapassou barreiras, alcançou as ruas e não se manteve confinada ao ambiente familiar. Além disso, Chiquinha criou, inventou e produziu — ou seja, compôs, no sentido lato do termo, não se contentando em repetir invariavelmente o modelo já ensejado por outros compositores.

A partir de tais reflexões, é impossível cedermos à tentação de traçars um paralelo entre as carreiras de Francisca Gonzaga, no campo da música popular, e de Francisca Júlia, no campo da lírica tradicional. Afinal de contas, por que esta se tornou aceita pelo cânone e festejada pelas rodas de intelectuais da época, enquanto aquela foi sistematicamente rejeitada e discriminada durante boa parte de sua vida pelo meio social? Algumas causas podem ser arroladas para que tal diferenciação tenha ocorrido. Em princípio, é notável que, em uma época marcada pelo beletrismo, a produção de poesia fosse incensada como motivo de orgulho por parte da família burguesa. Sendo assim, Francisca Júlia teve o apoio familiar para se aventurar no mundo literário. De forma bem diferente, entretanto, era visto o meio da música popular: frequentado, ao ver do mundo burguês, por negros e mestiços indolentes, produtores de uma música inferior, esse ambiente era alvo de uma série de preconceitos que tornavam mal vistos aqueles que dele participavam.

Fator mais importante que esse, porém, é o posicionamento que cada uma das duas artistas manteve ante a estética consagrada em sua época: se Chiquinha Gonzaga foi uma inovadora, Francisca Júlia, pelo contrário, fez questão de seguir, de modo absolutamente rígido, os procedimentos ditados pela escola literária dominante na época — o Parnasianismo. A fidelidade com que seguiu os preceitos da escola fez com que a poetisa elegesse, para sua produção, características como austeridade e impassibilidade. O contraste com relação à saltitante produção musical de Chiquinha Gonzaga torna-se, a nosso ver, claramente evidenciado. Além disso, a diversidade existente entre os temperamentos das duas artistas é absolutamente flagrante: enquanto Chiquinha Gonzaga chegou a ser tema de quadrinhas maliciosas cantadas pelo povo nas ruas do Rio de Janeiro, em função de seu comportamento considerado escandaloso, a discreta Francisca Júlia manteve-se afastada de meios mundanos, que não condiziam com a sua posição de respeitável senhora burguesa. As duas Franciscas, mantendo projetos pessoais e estéticos inteiramente opostos, podem ser consideradas paradigmas de atitudes distintas, que resultaram, por sua vez, em aceitações diferentes por parte da sociedade da virada do século.

Hoje, passados mais de cem anos, sequer o grande número de músicas produzidas por Chiquinha Gonzaga foram suficientes para manter viva a lembrança daquela que em muito ajudou a alicerçar as bases de nosso cancioneiro popular. Malgrado alguns eventos esporádicos, intensificados um pouco mais em 1997, em virtude de ter sido este o ano comemorativo do sesquicentenário de nascimento da compositora, a obra de Chiquinha pouco tem sido valorizada de modo efetivo e sistemático. Uma das explicações plausíveis para tal fato é mencionada pela biógrafa Edinha Diniz:

> Chiquinha Gonzaga (...) pagou caro a ousadia e o pioneirismo: um dos preços foi o esquecimento.
> Pela contribuição decisiva que deu à cultura brasileira, o nome de Chiquinha Gonzaga merece um registro permanente, não fosse o silêncio que, em todas as épocas, pune a memória dos transgressores. (DINIZ, 1995, p. 2)

Mencionada burocraticamente nos compêndios que narram a história do cancioneiro popular do Brasil, a produção de Chiquinha Gonzaga ainda está à espera de um estudo definitivo, que a investigue de maneira abrangente e aprofundada. Por outro lado, as outrora conhecidas canções de autoria de Chiquinha não conseguiram fixar-se definitivamente no gosto popular, sendo poucas aquelas que hoje restam na memória dos leigos em geral. É o caso, talvez, de "Corta-jaca" e do eterno grito de Carnaval "Ó abre alas", muito pouco para uma obra tão prolífica e tão competente.

3.2. O vácuo

Vários dos registros historiográficos que dão conta de nosso cancioneiro popular costumam afirmar que, com o fim da produção musical de Chiquinha Gonzaga[9], instaurou-se um vazio em nosso universo de compositoras, que somente reapareceriam nos anos cinquenta do século XX, com nomes como Dolores Duran e Maysa. Várias razões são elencadas para a ocorrência de tal fato. A mais comum culpa os preconceitos sociais pela ausência de letristas mulheres na música brasileira dos anos 40. Um exemplo claro deste tipo de posicionamento é o mantido pela pesquisadora Terezinha Mendonça. Analisemos o seu ponto de vista:

> Merecem ser refletidos (...) os motivos que determinam a ausência de letras de música compostas por mulheres nas décadas de 30/40. Ocorre que, naquela época, as mulheres não tinham ainda se apropriado de um discurso através do qual pudessem se constituir como seres humanos participantes (...).
>
> Observe-se, por exemplo, que, até 1945 [as mulheres], não podiam participar da vida política do país (...), ou seja, a mulher não tinha ainda uma voz que pudesse ser significativa. (...) *Por este motivo, se existiram mulheres compositoras, não chegaram a ter acesso aos meios de comunicação.* (1982, p. 97 — o grifo é nosso)

A par das coerentes observações no que tange à situação vivida pela mulher brasileira na primeira metade do século XX, a estudiosa incorre em um comum (!) erro, ao supor que nenhuma mulher brasileira atuou como compositora durante os anos 30 e 40[10]. Esse equívoco pode ser creditado ao reduzido número de informações existentes acerca das compositoras da época, o que é extremamente grave. Esquecendo tais compositoras, realizamos um sumo atentado: apagamos de nossa historiografia musical os nomes de mulheres que, corajosamente, ousaram furar uma

---

[9] Chiquinha faleceu em 1935, mas sua última obra composta data de 1933.

[10] A propósito, é bom lembrarmos que, em princípio, a pesquisadora se equivoca ao deixar de registrar a presença de Chiquinha Gonzaga enquanto compositora ainda atuante durante os anos 30.

série de bloqueios, produzindo e divulgando suas canções em um sistema então dirigido exclusivamente por homens. Porém, é evidente que, numericamente, poucas foram as mulheres que ousaram, naqueles idos, levar ao grande público sua produção musical. Neste livro, destacamos duas em especial: Bidu Reis e Dora Lopes.

Bidu Reis (pseudônimo de Edila Luiza) iniciou sua carreira no rádio, atuando como cantora. Ao lado de Emilinha Borba, formou, na rádio Mayrink Veiga, a dupla As Moreninhas. Foi uma cantora competente, sem nunca ter alcançado, entretanto, a categoria de estrela do rádio. Como compositora, produziu baiões, sambas e boleros, dentre os quais podemos destacar "Bar da noite", "Caminhos diversos", "Incompreendida" e "Interesseira".

Dora Lopes cultivou sempre em sua obra "melodias que retratam o espírito de nosso povo" (MESSIAS, s. d.). Teve mais de trezentas composições registradas em disco, fato que sinaliza a boa aceitação que o meio musical teve às suas canções. Cantora talentosa, conseguiu marcar sucessos com álbuns como *Enciclopédia da gíria* (s. d.) e *Minhas músicas e eu* (s. d.). Manteve-se na ativa até os fins da década de 70, atuando em discos que continuavam a registrar diversas composições de sua autoria.

Bidu Reis e Dora Lopes, tomadas aqui como paradigmas das compositoras dos anos 40, parecem não ter pretendido inovar o mundo dos boleros e sambas-canções típicos da época. Imersas num mar de amores contrariados, solidões infindas e traições cruéis, Bidu e Dora lidaram, em grande parte de suas obras, com o ambiente de penumbra e dor de cotovelo tão em voga na época, e que teve em Nora Ney a intérprete mais dileta.

Bidu Reis e Dora Lopes podem ser consideradas, até certo ponto, compositoras que se caracterizaram pelo conservadorismo de suas propostas artísticas: em termos melódicos, beberam da fonte dos ritmos ditados pela moda da época; quanto às temáticas, investiram em uma imensa galeria de amores infelizes; esteticamente, elaboraram imagens que podiam variar radicalmente entre a grandiloquência de um Orestes Barbosa e a singeleza equilibrada de um Noel Rosa[11]. De uma forma ou de

---

[11] Evidentemente, estamos fazendo observações de caráter genérico e que, por isso, deixam de levar em conta momentos de exceção, nos quais Bidu Reis e Dora Lopes possam ter, eventualmente, optado por outras soluções estéticas para a elaboração de suas obras.

outra, as duas compositoras optaram por promover a contínua reprodução de modelos consagrados, previamente digeridos por público e mercado. Portanto, parece que entre criar e copiar, as duas compositoras optaram pela segunda alternativa.

A posteridade não foi generosa com as figuras de Bidu Reis e Dora Lopes. Artistas importantes em seu tempo, elas fizeram parte da época de ouro do rádio brasileiro e pontuaram a história de nossa música produzindo aquela que talvez seja a primeira parceria de compositoras da música popular brasileira: a canção "Quatro histórias diferentes", na qual Bidu produziu a melodia enquanto a letra ficou a cargo de Dora Lopes. Porém, ignoradas pelos estudiosos contemporâneos, as obras das duas compositoras entraram em um processo tamanho de desvalorização que poucas vezes são mencionadas nas historiografias referentes à MPB. Ora, podemos até constatar que Bidu e Dora fizeram uma série de concessões que não as levaram propriamente a revolucionar a estrutura de nosso cancioneiro. O que devemos compreender, porém é que a história dos movimentos artísticos não é feita somente de revoluções: há determinados momentos nos quais importa a reprodução e, de certa forma, a estabilização estética de uma proposta anteriormente inovadora — até porque, de outra maneira, não é possível a fixação de um gênero. Por isso mesmo, Bidu Reis e Dora Lopes não podem ser descredenciadas a ocupar seu devido espaço na história de nossa música popular. A partir do instante em que isso lhes é negado, instala-se um vácuo que as engole e que faz com que suas obras sejam reduzidas a nada.

3.3. As deusas *cults* da boemia[12]

Segundo afirma Pedro Lyra, as gerações artísticas concentram em si atributos substancializadores herdados e próprios. Por atributos herdados, entendemos todas as contribuições estético-ideológicas provindas de gerações anteriores; por atributos próprios, entendemos toda a gama de criatividade

---

[12] O título deste subcapítulo foi aproveitado da expressão cunhada por CASTRO (1995, p. 105-106).

e originalidade nascida no seio da geração artística em questão. Quando os primeiros predominam, é sinal de que a geração "não foi capaz de abrir um novo tempo". Ao contrário, quando os atributos próprios são os predominantes, é sinal de que a geração "soube romper com o passado, libertar-se da herança recebida e afirmar a própria marca" (1995, p. 29).

A partir das observações já feitas, notamos que Bidu Reis e Dora Lopes podem ser enquadradas no primeiro caso descrito. Por outro lado, durante os anos 50, a música brasileira veria surgir em seu contexto duas compositoras que podem ser facilmente inseridas na segunda circunstância. Dolores Duran e Maysa foram, juntamente com Sylvia Telles, as cantoras mais influentes de sua geração. A bem da verdade, numericamente as obras de Dolores e Maysa são algo limitadas, não ultrapassando algumas dezenas de canções. Entretanto, as duas compositoras conseguiram efetivar uma linguagem própria e inconfundível, que deixou uma marca absolutamente original na história de nossa música.

Adiléa da Silva e Maysa Matarazzo possuíam, em seus respectivos sobrenomes, a marca das classes sociais das quais provinham. Pertenciam a pólos econômicos absolutamente opostos e, pela lógica dos fatos, talvez jamais tivessem cruzado seus caminhos. Entretanto, a partir do momento em que foram introduzidas no meio musical, as duas passaram a frequentar os redutos boêmios mais "quentes" da época, o que, nos anos cinquenta, tinha como sinônimo as boates de Copacabana. Foi a música, portanto, que aproximou democraticamente essas duas mulheres de lugares sociais tão distintos. Também a música fez com que as duas tivessem seus nomes transformados: no caso de Maysa, seu sobrenome foi pinçado de sua *persona* pública[13], enquanto Adiléa, primeiramente apelidada de "Bochecha" (!), acabou se transformando em Dolores Duran[14].

---

[13] Isso ocorreu também porque o milionário André Matarazzo, marido de Maysa na época, não suportou por muito tempo o fascínio da esposa pelo novo meio que lhe era apresentado e separou-se dela cerca de um ano após o lançamento de seu primeiro disco: não havia mais motivo para a manutenção do sobrenome artístico Matarazzo no nome artístico de Maysa.
[14] Dolores Duran foi uma intérprete assídua da obra de sua colega Dora Lopes. Sintomaticamente, em um de seus últimos trabalhos, após ter sofrido um grave acidente de automóvel, Dora gravaria a canção "Com Dolores no céu".

Frequentemente, Dolores Duran e Maysa são enquadradas por estudiosos como pertencentes a uma geração pré-bossanovista, pois anteciparam alguns caracteres que seriam desenvolvidos posteriormente por João Gilberto e seus companheiros. Com efeito, elas fizeram parte de um grupo de precursores[15] da Bossa Nova, formado ainda por nomes como Dick Farney e Lúcio Alves, entre outros. Esses artistas tinham em comum o fato de introduzirem no Brasil uma forma "diferente" de cantar e interpretar: ao invés dos *dós de peito* que faziam a fama dos astros do rádio, eles urdiram um jeito coloquial de canto, no qual não havia mais espaço para os *erres* rascantes de Vicente Celestino e das irmãs Batista.

É, assim, absolutamente cabível que Dolores e Maysa sejam consideradas precursoras da Bossa Nova. Entretanto, elas não foram apenas isso. imitar a importância das duas enquanto meras precursoras de um movimento é relegar a segundo plano duas obras que merecem ser estudadas com atenção, e não apenas porque lançaram bases estéticas para um movimento futuro.

As composições de Dolores e Maysa têm a presença de vários traços que em muito aproximam reciprocamente os procedimentos de elaboração das suas respectivas canções. A valorização do intimismo pode ser considerada uma das marcas indeléveis deixadas pelas compositoras. Elas inovaram a lírica sentimental de nosso cancioneiro popular, promovendo uma renovação na qual o desvendar do interior do ser humano tornou-se temática central. Escrevendo acerca, basicamente, das emoções dos indivíduos, as duas poderiam ter facilmente resvalado para o terreno da pieguice, o que, entretanto, não aconteceu. A razão para isso pode ser creditada às soluções formais que elas encontraram para abordar o tema. Não concedendo espaço maior a excessivos derramamentos, Dolores e Maysa tiveram o mérito de construir uma bem articulada manipulação dos elementos formais, o que resultou em uma alquimia composta por lirismo e singeleza. Tematizando, prioritaria-

---

[15] Essa expressão, cunhada por Pedro Lyra, é conceituada pelo estudioso da seguinte maneira: "aqueles que, de modo ainda vago, apenas prenunciam o próprio [movimento geracional], estreando em torno da data-início" (Op. cit., p. 54).

mente, o mundo interior do indivíduo, seus desejos e suas paixões, as compositoras empreenderam, sob alguns aspectos, inovações que marcariam o devir da música brasileira. Cantaram a problemática amorosa de uma maneira *cool*, distante dos arroubos sentimentais e de tom melodramático de Lupicínio Rodrigues e Orestes Barbosa. As vozes distensas das cantoras e os casos de amor cotidianos elaborados pelas compositoras se fundiram, portanto, em suas respectivas *personae* artísticas, e as técnicas de canto e composição acabaram se tornando complementares, fazendo com que tais aspectos diferenciados se unissem e formassem seus perfis perante o grande público.

A competência de Dolores Duran e Maysa resultou, portanto, na estruturação de um universo diferenciado, dentro do qual elementos como a melancolia e a angústia existencial constituem peças-chave. Títulos como "Agonia", "Canção da tristeza" e "Felicidade Infeliz" dão bem a medida dos sentimentos preferencialmente explorados pelas compositoras em grande parte de suas canções. Neste clima angustiante, a tristeza aparece como característica do tempo presente, enquanto o passado assume, por vezes, o espaço consagrado à felicidade: "Que saudade, que saudade" afirma o eu lírico de "Tarde triste" (Maysa, 1969), canção na qual essa situação aparece explicitamente. A nostalgia por um tempo antigo, no qual predominava a paz de espírito, em claro contraste com o padecimento da atualidade ocorre, portanto, com uma frequência que não nos parece mero fruto do acaso. Por outro lado, eventualmente o eu lírico assume um comportamento evidentemente masoquista, que não esconde o prazer contido na agonia: "Às vezes é bom a gente sofrer", afirmaria Maysa em uma de suas canções (s. d).

A tristeza expressa por Dolores Duran e Maysa em suas canções recebeu um tratamento estético que se coaduna perfeitamente com a proposta intimista de suas respectivas obras. No universo de ambas as compositoras, a tristeza emerge de modo interiorizado, como a evitar a dramaticidade. Nesse contexto, o chorar baixinho se torna constante e a procura por cantos e locais isolados é coerente com tal procedimento. Além disso, a rejeição a um tom que evite a grandiloquência é marcado, nos textos das compositoras, pela presença constante de diminutivos. Em

"Tome continha de você" (1959), Dolores Duran parece ter quebrado o seu recorde, e a canção, marcada por diminutivos desde o título, é traçada partir de um delicado lirismo amoroso. Nesse prisma, a importância das compositoras constitui fato incontestável, visto que elas foram responsáveis pela criação de obras nas quais efetivamente podemos verificar o encontro de uma dicção própria.

Característica inconfundível das duas artistas, o manejo competente das questões sentimentais fez com que suas canções não envelhecessem, malgrado a passagem de várias décadas. As músicas de Dolores e Maysa continuam modernamente passionais e, sem dúvida, tiveram o mérito de influenciar gerações posteriores de nossa música popular. Durante os anos de 1990, nos quais a humanidade parecia querer rever a todo custo o bem e o mal do século que se esvaía, as compositoras tiveram o seu quinhão de justiça: projetos especiais envolvendo suas obras foram concretizados pelo mercado fonográfico brasileiro, seja relançando suas gravações originais em CDs, seja elaborando tributos nos quais suas canções foram regravadas[16]. Mais recentemente, a vida de Maysa foi tema de uma minissérie de grande repercussão no mais popular canal de TV do Brasil, enquanto Dolores foi homenageada com um programa especial na mesma emissora. Tais atitudes denotam uma contínua valorização das obras das compositoras, fazem com que as músicas de ambas se tornem acessíveis aos ouvidos de novas gerações e sejam, portanto, perpetuadas no panorama histórico da música popular brasileira.

---

[16] Só para exemplificarmos, podemos citar aqui o álbum *A noite do meu bem*, no qual a cantora Nana Caymmi interpretou exclusivamente canções de autoria de Dolores Duran. A mesma compositora teve ainda relançado, em forma de CD, o álbum *Dolores Duran*, coletânea de seus maiores sucessos. Quanto a Maysa, a cantora/compositora foi homenageada pela gravadora RGE com *Viva Maysa*, uma coleção de diversos CDs contendo gravações originais remasterizadas. Além disso, foi homenageada, em março de 1997, via balé — inusitada e bela maneira de transpor para outra linguagem várias de suas canções. *Lamentos e paixões*, balé coreografado por Sylvio Dufrayer, transpunha para a dança a dor de cotovelo permanentemente cantada por Maysa em sua obra.

3.4. 1979 — Ano nacional da mulher na MPB[17]

"Nada será como antes", avisavam Milton Nascimento e Ronaldo Bastos no início dos anos 70[18]. O "antes", no que tange à produção de canções de autoria feminina, vinha das experiências realizadas por Dolores Duran e Maysa já havia alguns anos. Com a morte da primeira, em 1959, Maysa deu continuidade à sua produção musical, sendo, mais tarde, acompanhada por compositoras novatas como Esther Delamare[19] e Tuca[20].

Com relação à autoria feminina na MPB, Milton e Ronaldo tiveram seus prognósticos vaticinados. Com efeito, se até os anos 70 o número de mulheres compositoras atuando era extremamente limitado, a partir deste decênio tal situação passou por mudanças significativas. Somente para termos uma ideia do reduzido número de mulheres que até então haviam atuado como compositoras, Tárik de Souza oferece, em seu estudo, um exemplo ilustrativo:

> Há apenas dois anos, Norma Bengell [gravou] um disco todo composto por mulheres. O completo fracasso de *Norma canta mulheres*, produzido por Guilherme Araújo, fez sucumbir, tanto a cantora, como a improvisada compositora Norma, certamente escalada para fazer número. As compositoras em atividade na época (mesmo reforçando o time com as falecidas Chiquinha Gonzaga, Dolores Duran e Maysa) mal davam para encher as regulamentares doze faixas. (1983, p. 107)

De forma tímida nos primeiros anos, arrojada no final da década, as mulheres compositoras passaram a se inserir em "um sistema que não só

---

[17] O título deste item foi aproveitado de texto produzido pelo crítico Tárik de Souza. (1983, p. 109)
[18] Nesse trecho estamos fazendo uma menção, ainda que indireta, ao competente estudo produzido por Ana Maria Bahiana, que toma para si o título da canção mencionada.
[19] Carioca, nascida em 1928, Esther Delamare foi discípula de Roberto Menescal. Começou a compor em meados dos anos 50. Em 1957, tinha sua primeira música, intitulada "Amor sem Repetição", registrada por Lana Bittencourt. Entre outras canções de sua autoria, podemos citar "Um só Momento", "Eu queria Sonhar" e "Vens só".
[20] Tuca, cantora/compositora de relativo sucesso nos anos 60/ 70, foi figura constante nos festivais da canção da época.

as ignorava como rejeitava" (BAHIANA, 1979, p. 37). Uma razão plausível para a ocorrência desse fenômeno pode ser encontrada na gama de mudanças sociopolítico-culturais ocorridas durante a década de 60. A partir dessas transformações, pouco a pouco as mulheres conseguiram obter um posicionamento dentro da sociedade que passou a lhes permitir a assunção do papel de compositoras. Assim, diversas mudanças, principalmente as relativas às conquistas de direitos femininos, refletiram-se diretamente no panorama artístico brasileiro.

Quando as gravadoras perceberam que, cada vez mais, as mulheres tornavam-se elementos interessantes financeiramente, pois acumulavam grandes cifras nas vendagens de discos, paulatinamente foram derrubados os preconceitos que ainda persistiam com relação a elas. Acabou-se, assim, com a crença de que mulher não vendia discos. Esse pensamento ainda continuava em voga na mente dos responsáveis pelas indústrias de discos brasileiras até meados dos anos 70. Por outro lado, obviamente havia uma gama de preconceitos contra as compositoras, não superada de lado de uma hora para outra. A carioca Suely Costa, uma das introdutoras da geração, por exemplo, ouviu o seguinte comentário de um colega do meio musical: "Até que, para mulher, você compõe direitinho" (In: SOUZA, op. cit., p. 107). A mesma Suely dá o seguinte depoimento acerca dos problemas enfrentados em seu início de carreira:

> Era muito estranho. (...) O Grisolli foi um que estranhou: "Como é? Mulher compositora? Outros me achavam um bicho estranho. Queriam me fazer assim um produto exótico. (...) No começo doía, me incomodava. Eu sentia bem como era tratada... sabe como é... teve um cara aí de uma gravadora que queria me dar uns uísques... fazer uma transa... e depois ver se ia gravar... Essas coisas... eu estranhei no começo... fiquei quente de ódio. Mas é como a Joyce disse: "Mulher não é considerada pra nada. Vai ser considerada na música?" (In: BAHIANA, 1980, p. 155-156)

"Na tentativa de empacotar e vender mais um produto que, possivelmente, atendia a novas necessidades do mercado" (BAHIANA, op. cit.,

p. 36), a indústria do entretenimento lançou na praça uma série de cantoras e/ou compositoras que ainda não tinham alcançado um lugar definido no sistema. Esse fenômeno atingiu seu ápice em fins da década de 70: novas artistas musicais surgiam ininterruptamente, dando um caráter de modismo à nova tendência. O ano de 1979 pode ser considerado um marco na história da produção musical de autoria feminina, pois aglutinou paradigmaticamente o fenômeno, de modo que ocorreram lançamentos de álbuns que introduziram cantoras e/ou compositoras no mercado ou estabilizaram carreiras anteriormente iniciadas. Ana Terra, Ângela Ro Ro, Cátia de França, Celeste, Doroty Marques, Elba Ramalho, Fátima Guedes, Irene Portela, Joanna, Marina, Rita Lee, Simone, Suely Costa, Terezinha de Jesus, Thereza Tinoco e Zizi Possi são algumas das artistas que podem ser enquadradas nos casos acima citados. Significativo é que, nessa etapa do processo, público e crítica tenham qualificado os trabalhos de algumas dessas artistas utilizando como modelos nomes masculinos já consagrados. Nesse contexto, Joanna foi rotulada imediatamente como "Roberto Carlos de saias", enquanto Fátima Guedes recebeu a alcunha de "Chico Buarque feminina". Por outro lado, a forte presença de tendências regionalistas constituía um elemento marcante nas produções de Cátia de França (paraibana) e Irene Portela (maranhense)[21].

Segundo consta Pedro Lyra, todas as gerações artísticas podem ser divididas em blocos que representam os papéis desempenhados por seus membros. Lançando mão dessas observações, estabeleceremos agora uma tipologia exemplificadora acerca da geração de compositoras que se formou durante os anos 70[22]:

---

[21] A presença de traços regionalistas na produção musical de autoria feminina não constituía, entretanto, fato inédito. Basta lembrarmos que, entre os anos 40 e 50, Dilú Mello e Stelinha Egg foram ativas e prolíficas compositoras de canções pertencentes ao gênero caipira.

[22] O quadro tipológico aqui elaborado não pretende, evidentemente, dar conta de todas as compositoras da geração, mas somente promover a exemplificação tomando como base alguns nomes significativos.

Tipologia	Compositoras
1) Precursoras[23]	Tuca
2) Introdutoras[24]	Joyce Sueli Costa
3) Definidoras[25]	Rita Lee Angela Ro Ro Fátima Guedes
4) Ulteriores[26]	Lúcia Turnbull Marina

Observado algumas décadas depois, o saldo do movimento de 1979 pode ser considerado positivo, apesar de a exploração desenfreada levada a cabo pela indústria fonográfica ter resultado em um previsível esgotamento do solo musical: não havia tanto espaço assim para as dezenas de mulheres que então se lançavam como cantoras e/ou compositoras. Celeste, Cátia de França e Irene Portela são alguns dos muitos nomes que, lançados com empenho na época, hoje nada mais dizem ao público. Apesar disso, o *boom* feminino ocorrido na época foi válido, pois conseguiu inserir definitivamente as mulheres compositoras no mercado musical brasileiro.

---

[23] Conferir nota 21.

[24] Cunhado por Pedro Lyra, o termo é por ele conceituado da seguinte maneira: "aqueles que, com plena consciência, lançam o próprio [movimento geracional], estreando na fase de ascensão". (Op. cit., p. 54)

[25] Pedro Lyra, autor do termo, assim o comenta: "aqueles que, beneficiando-se da ação dos antecedentes, consolidam o próprio [movimento geracional], estreando na fase de afirmação". (Op. cit., p. 54)

[26] Mais uma vez é Pedro Lyra que forjou o termo: "aqueles que, sintetizando o trabalho de toda uma geração já composta, desenvolvem o próprio [movimento geracional], estreando em torno da data-termo". (Op. cit., p. 55)

3.4.1. Uma mutante em busca de luz e amor[27]

Sintomaticamente, o primeiro trabalho solo de Rita Lee denominava-se *Build up* (1970). A expressão que intitula o álbum, oriunda do inglês, pode ser entendida como "construir uma imagem; criar em torno de uma pessoa, ou de um produto, uma maneira de facilitar seu consumo" (CALADO, 1995, p. 228).

Na década de 70, a indústria fonográfica brasileira alcançava um nível de desenvolvimento e profissionalismo que lhe permitia começar a elaborar de modo efetivo e sistematizado o *build up* dos artistas nos quais deseja investir. As cantoras e/ou compositoras da época não passariam imunes a essa nova tendência da cultura de massas e, de uma maneira ou de outra, todas tiveram de se submeter ao processo. Delineava-se uma nova face na indústria de discos nacional. Se, até os anos 50 e 60, elementos como encartes, grafismos e desenhos eram de importância secundária nos álbuns, a partir dos anos 70 eles seriam alçados a um plano central de interesse, justamente por estarem vinculados à construção da imagem do artista a ser elaborada para o grande público — ou seja, o *build up*.

A capa do disco mostra a tentativa da vocalista d'Os Mutantes de se afirmar artisticamente fora dos domínios dos irmãos Sérgio e Arnaldo Baptista. A ideia de *Build up* surgiu quando, em um dos "rachas" do grupo, o executivo André Midani, da Philips, resolveu viabilizar um álbum que lançaria a imagem de Rita no mercado enquanto cantora. Simultaneamente ao lançamento do disco, Rita Lee estrelava também o show publicitário *Build up eletronic fashion show*, patrocinado pela Rhodia[28], no qual a arte imitava a vida: Rita fazia o papel de uma garota que sonhava ser uma grande estrela. A foto de capa de *Build up* deixa claro, aliás, que, a partir daquele instante, a artista não mais dividiria seu espaço com outros companheiros: Rita Lee encontra-se sozinha, em primeiro plano,

---

[27] Este título foi retirado de depoimento pessoal de Rita Lee à jornalista Marília Gabriela (1991).

[28] Acerca da importância dos shows produzidos pela Rhodia, afirma Carlos Calado: "Naquela época, essa indústria de fios investia muito dinheiro em seus desfiles e eventos. (...) Os shows da Rhodia costumavam ser produções ambiciosas e *up to date*, em geral com boa repercussão nos meios de comunicação." (1995, p. 187-188)

com um visual exótico que em muito lembrava suas aparições nos shows da Rhodia. Ela é, agora, o foco único das atenções —nada mais coerente que o disco fosse aberto com a canção "Sucesso aqui vou eu" (LEE, BAPTISTA, 1970).

O título da música se confirmou e, após sua saída definitiva d'Os Mutantes, Rita Lee daria continuidade à sua carreira, formando, juntamente com Lúcia Turnbull, a dupla Cilibrinas do Éden. Posteriormente, ela entraria para outra banda, o Tutti Frutti. Ora, uma leitura semiológica atenta da capa do álbum de estréia d'Os Mutantes já apontava para uma hierarquia na banda: a vocalista é aquela que ocupa menos espaço — sua figura, relegada a segundo plano, é parcialmente encoberta por Arnaldo Baptista, enquanto Sérgio domina o fundo da cena, minimizando a imagem de Rita. Mais tarde, a cantora confirmaria que esse *mis-em-scéne* refletia a dinâmica interna do grupo[29].

Analisemos agora, detidamente, a imagem cunhada na capa do LP *Fruto proibido* (1975). De início, é de se estranhar que, sendo um dos membros da banda Tutti Frutti, Rita Lee tenha seu nome destacado do restante do grupo, como se este fosse apenas um mero acompanhante da cantora. Na verdade, a participação de todo o conjunto constituía fator determinante na elaboração do produto final. Rita Lee era, sem dúvida, a líder da banda[30], mas também era um de seus componentes, fato que o *layout* exibido na parte de cima da capa parece querer desmentir, enganando ouvintes incautos. Acerca de tal fato, posteriormente Rita declararia:

> O André [Midani] sempre achou que eu era quem valia a pena dos Mutantes, que eles deviam ser uma banda me acompanhando. Quando nos separamos, ele ficou feliz da vida. Quis logo me pegar... vuupt... me transformar em estrela, sucesso instantâneo... essas coisas em que André acredita... E eu disse: olha, não é nada disso, eu

---

[29] Em entrevista concedida em 1977 à jornalista Ana Maria Bahiana, Rita Lee afirma: "Os Mutantes eram o Arnaldo. (...) Era a base dele, da loucura dele, que o Serginho completava com aquele perfeccionismo dele, com o ótimo músico que ele era e é. Eu dava mais os lances visuais." (Op. cit., p. 106)

[30] O fato de uma mulher liderar uma banda era, até então, algo inédito. Rita promoveu a quebra do tabu, tornando-se a primeira líder de uma banda de rock no Brasil.

> saí dos Mutantes e estou no Tutti Frutti... porque realmente sou do Tutti Frutti, só gosto de trabalhar em grupo... Mas a Phonogram não entendeu nada (...). (In: BAHIANA, op. cit., p. 103)

Fica evidente, a partir do relato anterior, que o *layout* da capa do disco foi realmente elaborado na tentativa de colocar os outros componentes do grupo como meros acompanhantes da figura centralizadora de Rita Lee. Fato significativo, porém é que, na capa do disco do longínquo ano de 1975, somente a cantora aparece — o restante da banda não tem vez. Levando em conta que, naquela época, o disco constituía material de consumo a ser exposto às vistas do público em prateleiras de lojas especializadas, torna-se claro que o projeto da indústria fonográfica era, cada vez mais, investir na figura solo de Rita para o grande público, desvencilhada de quaisquer acompanhantes que disputassem espaço com a estrela em ascensão. A garota magricela e ruiva, vestida despojadamente, dominava a capa de *Fruto proibido* e revelava, também, a imagem de uma mulher liberada pelas lutas sociais da década de 60. A condição de mulher roqueira, influenciada pela estética hippie, com adereços que compõem a cena, é lançada ao público que, entre fascinado e escandalizado, embarcaria na viagem estético-comportamental proposta por Rita Lee.

Musicalmente, *Fruto proibido* foi um marco. O segundo disco de Rita Lee na companhia do Tutti Frutti logrou alcançar altar cifras de vendagem, ao mesmo tempo em que inovava a linguagem musical. Observemos a análise do álbum realizada pelo crítico Pedro Alexandre Sanches:

> *Fruto proibido* mistura, em doses equivalentes, elétrico e acústico para constituir puro rock'n'roll — ou roque enrow, como Rita prefere. A voz de Rita mantém inflexões infanto-juvenis, agora não mais na vertente zombeteira e debochada dos Mutantes, mas transpirando rebeldia e — por que não? — sofrimento. Rita se estabelece como a ovelha negra da família brasileira, mulher chegada ao sexo, às drogas, ao rock, líder de uma banda masculina num cenário até há pouco hostil à criatividade feminina.
>
> Não por acaso, *Fruto proibido* é coalhado de referências candidamente feministas. (1996, p. 98)

O texto anterior cita uma das mais importantes contribuições dadas por Rita Lee à música brasileira. A partir do instante em que a compositora deixou de fazer rock e passou a investir no *roque*, assumiu em sua musicalidade raízes nacionais, que misturou com influências estrangeiras. Observando tal mesclagem, André Midani acabaria por afirmar que "o futuro da MPB estava no rock" (BAHIANA, op. cit., p. 103): a "equação eletricidade + trópicos" (MUGGLIATI, s.d., p. 258) estava garantida. O trabalho de Rita, uma ramificação bem-sucedida do Tropicalismo, desembocou em caminhos marcados pela alegria e pelo bom-humor, que passaram a ser elementos característicos das performances da cantora[31].

Os anos 70 constituíram momentos de riqueza no veio criativo de Rita Lee. Além de *Fruto proibido*, os outros álbuns da fase Tutti Frutti revelam um trabalho uniforme, marcado pela despretensão, inovação e criatividade. *Atrás do porto tem uma cidade* (1974), *Entradas e bandeiras* (1976) e *Babilônia* (1978) completam a safra de discos nos quais a compositora lograria criar uma dicção própria. "Rita Lee", a partir daí, passaria a ser uma marca registrada, caracterizada pela alta qualidade das composições aliada a uma acessibilidade bem-humorada que encantava público e crítica.

Mas o melhor estava ainda por vir. E o melhor, logicamente, estaria centrado na extraordinária safra de 1979. A marca de estrela da música encontra-se cunhada em *Rita Lee*. Rita, supermaquiada e sensual, aparece em uma capa que contém um *layout* criado pelo hoje famoso Hans Donner. Marca registrada assumida na capa do disco, a contracapa deixa entrever que Rita não seria encaixada nos padrões pré-estabelecidos dos modelos estrelares. Ela mostra a protuberante barriga de grávida ao lado de uma guitarra e — tal qual Leila Diniz anos antes — deixa evidente o

---

[31] A importância da alegria e da leveza na obra de Rita Lee também advém do fato de que as compositoras da história de nosso cancioneiro, com exceção de Chiquinha Gonzaga e Zilda do Zé (autora de marchas carnavalescas dos anos 50), investiram continuamente ou em uma melancolia exacerbada (vide Dolores Duran e Maysa) ou em uma postura participativa da mulher (vide Joyce). Rita Lee retoma, portanto, caminhos anteriormente trilhados somente por Chiquinha e Zilda, ambas em muito afastadas temporalmente da autora de "Cor--de-rosa choque".

orgulho que sente de sua gravidez, ao mesmo tempo em que se apoia no corpo do parceiro e marido Roberto de Carvalho, seu novo parceiro. Talvez uma menção à encruzilhada na qual se encontrava a mulher da época, que, ao mesmo tempo em que se encantava com as descobertas da liberação, desejava a ajuda do parceiro para a realização plena.

Intitulados simplesmente *Rita Lee*, esse e o disco posterior, de 1980, alçariam Rita à categoria de estrela absoluta da música popular, batendo recordes de vendagem e inserindo praticamente todas as suas faixas nas paradas de sucessos. Foi, sem dúvida, a fase áurea da carreira de Rita Leem que, com a ajuda de Roberto de Carvalho, juntou carnaval à discoteca em "Chega mais" e "Lança perfume", fez o *roque* da rebeldia adolescente em "Papai me empresta o carro", mesclou erotismo e suspense *light* em "Doce vampiro", elaborou questões de cunho existencial em "Baila comigo", além de deflagar o então reprimido desejo feminino nas baladas "Mania de você" e "Caso sério". Sucesso absoluto, cifras *roberto cárlicas* de vendagem.

Uma carreira extensa, como a de Rita Lee, enfrentaria períodos de altos e baixos. Na década de 80, a inconstância marcaria sua produção. Isso pode ser averiguado a partir dos próprios comentários da artista acerca de seus álbuns lançados após 1980:

> *Saúde* (1981) — Foi uma fase boa. A parceria com o Roberto incluía um namoro com a bossa nova.
>
> *Rita Lee* (1982) — Disco de uma fase descaradamente romântica. Tem o "Só de você". A gente convidou os músicos do Roupa Nova para tocar, porque eles são excelentes.
>
> *Bom bom* (1983) — Acho chatinho. A gente estava numa preguicite e delegou poderes para os músicos americanos. Ficou um disco sem coração.
>
> *Rita & Roberto* (1985) — É outro que eu gosto. Achei legal terem posto "Vítima" na abertura da novela "A próxima vítima". É uma música legal.
>
> *Flerte fatal* (1987) — É um disco descuidado, entregue às formulazinhas. Não me orgulho de tê-lo feito. Na época, eu e Roberto estávamos tão preocupados em modificar a nossa vida pessoal que deixamos nossa música igual.

> *Zona zen* (1988) — nem me lembro do que tem lá. Não é um disco que me apetece. Foi feito por obrigação contratual e é por isso que não deu certo. Fez parte de uma fase desgastante, sufocante mesmo.
>
> *Rita e Roberto* (1990) — É um disco atencioso. A gente se deu muito por ele, trabalhamos bastante na gravação, mas estávamos sem o discurso afiado. Pena, porque deste eu gosto. (In: FERREIRA, 1995, p. 5)

A partir dos comentários transcritos acima, podemos notar que, a partir de 1983, uma crise afetaria o trabalho da dupla Rita Lee & Roberto de Carvalho. Não deixa de ser revelador que tal crise tenha tido lugar após a explosão do BRock que, após 1982, tomou conta das paradas de sucesso. Passada a *moda das cantoras* — que teve seu ápice, como já vimos, no ano de 1979 —, a indústria da música forjava o modismo das bandas de rock, que seria predominante durante todo o restante da década. Nesse contexto, Rita Lee e suas companheiras de geração veriam seu espaço na mídia ser reduzido drasticamente, dentro de uma dinâmica de consumismo cruel, recicladora de ídolos instantâneos. Tal fato, aliado ao reduzido vigor do discurso e à acomodação em modelos musicais estabelecidos, fariam os posteriores trabalhos de Rita lembrarem palidamente a explosão criativa que ela experimentara durante os anos 70. Sua produção passou a sofrer severas críticas por parte de determinados setores da mídia, caracterizando a "fase sufocante e desgastante" mencionada por ela nos comentários anteriores. A prolongada entressafra — chamada maldosamente por alguns jornalistas de "menopausa criativa" — estendeu-se até os anos, 90 quando, desfeita temporariamente a parceria com Roberto de Carvalho, Rita Lee ressurgiria, sozinha, a bordo de seu *Bossa'n roll* (1991), no qual reinventaria a Bossa Nova com uma linguagem musical particular, inserindo doses de elementos *pops* na batida de João Gilberto.

A foto de encarte do álbum *A marca da zorra* (1995), concentra, a partir da explosão visual de cores quentes, a alegria das suas performances e das suas canções. Mesmo quando parecia impossível inserir o bom-humor e a festa de volta ao nosso cancioneiro, foi Rita quem o fez de maneira absolutamente brilhante e despretensiosa. A figura arlequinesca representada por Rita Lee contém, em si, vários dos seus caracteres performáticos. Com efeito, o arle1quim é "o jovem gaiato, (...) bufão malicioso, (...) um indivíduo matreiro" (CHEVALIER, GHEERBRANT, 1989, p. 80). A alegria da obra de Rita Lee identifica-se muito, portanto, com tal fantasia, por ela vestida e assumida. Arlequim da música popular brasileira, ela elaborou canções nas quais discurso e temática se integram de maneira perfeita — o coloquialismo do registro linguístico entra em harmonia com o cotidiano das situações expostas pelo eu lírico das canções. Assim, para cada "me cansei de lero-lero" ("Saúde"), há o correspondente temático, que pode ser, por exemplo, a falta de dinheiro ("Corre-corre"). Tudo isso, logicamente, sem esquecer a influência do universo paulistano — não nos esqueçamos de que Rita é a "mais completa tradução" de São Paulo.

Nos anos 70, Rita Lee era "uma artista brasileira que quase nunca é lembrada quando se fazem listas, pautas, inventários de nomes" (BAHIANA, op. cit., p.97). Contemporaneamente, ela é uma figura reconhecida: o futuro a absolveu. Seu nome já faz parte de listas consagradoras[32], tributos são realizados em sua homenagem[33], livros narram sua trajetória artística e pessoal[34], prêmios lhe são concedidos continuamente[35] e há, por parte da crítica, um consenso de que ela é a maior compositora viva

---

[32] Em "Paratodos", Chico Buarque afirmaria: "Salve Edu, Bituca, Nara, Gal, Bethânia, Rita, Clara" (1993).

[33] Recentemente, a cantora Ná Ozzetti elaborou um álbum no qual interpreta diversas canções de autoria de Rita Lee. Intitulado *LoveLee Rita*, o disco recria diversas das canções imortalizadas na voz de Rita — cf. *Love lee Rita* (OZZETTI, 1995). A mesma ideia constitui a base do tributo *Eles cantam Rita Lee*. Neste álbum, diversas vozes masculinas se dedicaram a regravar canções de autoria de Rita Lee — cf. *Eles cantam Rita Lee* (ABREU, 1997).

[34] Dentre as obras que se centram na figura de Rita Lee, podemos citar o *Songbook de Rita Lee* (CHEDIAK, 1990) e *Rita Lee: o futuro me absolve* (MUGNAINI, 1995). Além disso, obras como as de CALADO (1995) e DAPIEVE (1995), mesmo não se dedicando exclusivamente a Rita Lee, trazem uma gama de informações importantes acerca da trajetória da artista. Relevante também é a biografia romanceada *Rita Lee mora ao lado*, de Henrique Bartsch (2006).

[35] Entre algumas das honrarias concedidas a Rita Lee, vale citarmos o Prêmio Shell, versão 1996, concedido pelo conjunto de sua obra, e o Prêmio Sharp, versão 1997, concedido pelo mesmo motivo.

da música popular brasileira. Sem cara de bandida, Rita Lee atingiu a maturidade produzindo zorras competentes e sendo consagrada por seus pares do universo da música. Nada mais justo para ela, que é a verdadeira mãe desse tal de *roque enrow*.

3.4.2. A folia controlada de Joyce[36]

"Minha formação musical é a Bossa Nova. Mas também é o samba, também é o jazz" (1996, p. 4). A afirmação de Joyce deixa entrever, desde logo, o caminho escolhido pela compositora ao elaborar sua obra: uma sofisticada mistura de elementos nacionais e estrangeiros, resultantes de um produto singularmente *cool*. Folia controlada, a música de Joyce insinua muito mais do que revela. Enquanto Rita Lee tem como referência básica a cidade de São Paulo, Joyce prima pelo acento eminentemente carioca, que se faz presente no gosto por imagens cálidas, que mesclam o calor dos trópicos e a sensualidade morna. Isso é favorecido pela escolha de ritmos sincopados, que, na maior parte das vezes, acompanham, como pano de fundo, o discurso lírico da compositora.

Joyce foi apresentada ao grande público por um texto de Vinícius de Moraes, no *release* de seu primeiro álbum[37]. Acerca de seus primeiro passos na trilha da música, ela afirma:

> Gravei meu primeiro disco em 68 (...). Foi um início feliz e promissor (...). Eu tinha 20 anos. Tudo indicava um futuro próximo de mil maravilhas, mas não foi bem assim: gravei mais um disco em 69 (*Encontro marcado*), e daí para frente viria um longo jejum de 10 anos sem gravar disco meu no Brasil — em parte por questões pessoais, em parte por força das circunstâncias. (1993)

---

[36] Este título é retirado do seguinte fragmento escrito por Antônio Carlos Jobim, no *release* do álbum em que Joyce o homenageia: "Você faz o que quer dessa sua voz maravilhosa, você tem bossa, afinação, improviso, ritmo, musicalidade, feminilidade, coragem e domínio absoluto da bola, você sabe das palavras e dos sons, você conhece o timbre e o sentido e comanda tudo com a maior propriedade, com a maior loucura, com a maior economia, com a maior prodigalidade, concisa, precisa. Você é folia controlada!"
[37] O apadrinhamento é, logicamente, reafirmador da ligação Joyce-Bossa Nova.

A figura, hoje corriqueira, de uma mulher tocando e cantando suas próprias composições era, na época, algo ainda absolutamente insólito. Resultado: Joyce, antes de tudo, teve que lutar contra uma série de preconceitos para poder efetivamente se inserir no meio musical — "êta mulhézinha danada", seria o comentário de Antônio Carlos Jobim acerca da cantora/compositora/instrumentista[38]. A luta de afirmação perante o sistema talvez seja a melhor explicação para o discurso acentuadamente participativo que se elabora como enfrentamento, no qual a preocupação com a condição da mulher seria elemento de interesse contínuo. Joyce engendraria uma obra artística pontuada por referências feministas, o que pode ser ratificado em títulos de canções como "Eternamente grávida" (1981), "Mulheres do Brasil" (1989), "Samba de mulher" (1995) e, naturalmente, "Feminina" (1980).

"Filha da Bossa Nova e herdeira da liberdade pré-Tropicalista inaugurada por Nara Leão" (BASTOS, 1994, p. 2), Joyce viu o sucesso popular chegar através do festival *MPB-80*, veiculado pela TV Globo. Efetivamente, com os dois primeiros álbuns, além de *Passarinho urbano* — produzido na Itália —, Joyce não conseguira sedimentar sua carreira no mercado. Embora a compositora já tivesse músicas suas nas vozes de artistas consagrados como Elis Regina, Maria Bethânia, Milton Nascimento e Ney Matogrosso, faltava ainda um grande sucesso da cantora para que seu nome aparecesse com maior destaque na mídia.

No dia seguinte ao da apresentação da bela moça que apresentara "uma quase canção de ninar" (JOYCE, 1993, p. 4) dedicada às filhas, o público notou de imediato que mais uma cantora, entre as muitas que então surgiam, estava prestes a estourar nas paradas. Com efeito, "Clareana" "ganhou uma repercussão que ninguém esperava" (Ibidem). O destaque dado a essa canção na capa do disco não constitui obra do acaso. A EMI-Odeon tinha devidamente em conta o seu apelo comercial, principalmente após a bem-sucedida apresentação no *MPB-80*. Além disso, a própria canção que dá título ao álbum também fazia parte da trilha so-

---

[38] O comentário de Jobim também faz parte do *release* do álbum no qual este é homenageado por Joyce.

nora de um famoso seriado da época[39], o que contribuía para o aquecimento das vendas. Joyce assim analisaria *Feminina*:

> A grande maioria das letras deste disco compõe um discurso feminino bem claro: é uma mulher falando de si mesma, do seu ponto de vista, do seu universo, na 1ª pessoa do singular (...). As exceções ficam por conta de "Banana" — composto na Itália, num momento onde a saudade do Brasil se misturava já então à dor de vê-lo sendo destruído —, "Revendo amigos", feita em 78, no início da campanha pela anistia, dedicada aos amigos que ficaram no exílio, e "Aldeia de Ogum" (nome de um lugar no interior da Bahia), um tema instrumental. (1993)

O *build up* elaborado nesse álbum — o primeiro grande investimento da indústria fonográfica em Joyce — constrói uma figura feminina rústica, fotografada em *close up*, completamente desprovida de acessórios que realcem a evidente beleza da cantora. A partir de depoimentos pessoais de Joyce que tematizam a firme rejeição de ter sua imagem explorada como símbolo sexual, podemos concluir que o rosto lavado que aparece na capa de *Feminina* teve a sua razão de ser. Além disso, a artista indicia ter plena consciência do jogo mercadológico desenvolvido a partir de elementos como fotografias e grafismos. Assim, ela agradece ao artista que realizou a arte da capa do álbum, denominando seu trabalho como "parceria". Nada mais perspicaz, se levarmos em conta que o disco constitui uma mercadoria que vai muito além de um amontoado de registros de canções. Elementos como capa, contracapa e encartes também dele fazem parte e são fundamentais na construção da imagem do artista perante o grande público.

Após *Feminina*, Joyce lançaria o álbum Água e luz (1981), cujo *build up* segue a orientação do disco anterior. O trabalho representava uma evolução na obra da compositora, já que promovia uma expansão do seu

---

[39] *Malu mulher*, seriado exibido pela Rede Globo durante o ano de 1979 e estrelado por Regina Duarte e Dênis Carvalho. A música "Feminina" era tema da personagem Elisa, vivida pela atriz Narjara Turetta.

universo temático. Ela não mais se limitava à mera catarse das angústias femininas, mas também passava a elaborar canções com preocupações ecológicas — vide "Monsieur Binot" —, além de efetivar letras nas quais apareciam sutis toques de sensualidade. De maneira geral, porém, o disco foi recebido sem entusiasmo pelo mercado, apesar de elogiado pela crítica especializada. Era um indício do futuro próximo: o fatídico ano de 1982 ceifaria carreiras que apontavam para um desenvolvimento promissor. Foi o que aconteceu com Joyce. A partir do momento em que o sistema se fechou a toda e qualquer proposta que não tangenciasse o BRock, a estética elaborada pela compositora tornou-se definitivamente *out*. Na vigência do movimento roqueiro, Joyce lançaria no Brasil somente um disco com composições inéditas, intitulado *Saudades do futuro* (1985), lançado por uma gravadora pequena, o que diminuiu em muito o poder de fogo que esse trabalho poderia ter junto às rádios e ao público em geral.

Se o Brasil fechava-se às suas próprias raízes musicais, o exterior passou a ser, a partir de meados dos anos 80, o mercado mais receptivo à sonoridade de Joyce. Foi assim que a cantora/compositora lançou uma série de álbuns visando especificamente atender aos públicos dos mercados japonês, europeu e norte-americano.

A linha evolutiva da MPB seguida por Joyce representa uma porção suingada da Bossa Nova, algo similar à sonoridade elaborada por Baden Powell. Balanço e sofisticação se unem nessa tendência que pode ser definida como "um samba diferente, rico em detalhes, leve pela própria maneira de tocar, algo posterior à Bossa Nova, se esta tivesse seguido seu curso natural" (SOUZA, 1983, p. 110). Não obstante, cunhou-se, após o estrondoso sucesso de "Clareana", a imagem de uma cantora intimista, de "voz delicada, tipo doce de coco" (BARROS, 1994), preferencialmente cantando baladas. A descoberta desse outro lado da produção de Joyce só poderia ser realizada mesmo por ouvidos estrangeiros. Foi o DJ londrino Joe Davis, um *expert* em música brasileira, que apostou no lado dançante da obra da compositora e, rotulando tal sonoridade de *acid jazz*, levou a novidade para a Inglaterra. Resultado: a levada dançante virou moda nos clubes e o baião "Aldeia de Ogum" (1980) tornou-se *hit* nas pistas londrinas nos anos 90[40]. Talvez a causa desse sucesso seja que, afastando-se do "bate-estacas" comum às discotecas, a produção de Joyce "não é um som só para dançar: tem uma filosofia por trás" (In: FERREIRA, 1995, p. 3). A onda espalhou-se pela Europa e resultou, por exemplo, no álbum *Joyce live at the Mojo club* (1995), gravado na Alemanha. O sucesso no exterior resultou na volta ao mercado brasileiro. Após mais de uma década de ostracismo, Joyce lançou em 1996 um disco com material totalmente inédito no Brasil. Esse retorno coincidiu com a revigoração de sua música que, sem abandonar a temática feminina habitual, passou a unir o *acid jazz* a uma safra de letras bem elaboradas. Acerca de um álbum lançado nos últimos anos do século XX, bastante representativo desse período, a cantora diria: "O disco reafirma a minha opção de viver no Brasil quando eu tinha tudo para não estar morando aqui, por causa do meu sucesso no exterior. O Brasil é a fonte da música que eu carrego na bagagem para onde quer que eu vá." (In: FERREIRA, 1996, p. 4)

A competência de Joyce foi a responsável pela solidificação de uma carreira nacional e internacional que, malgrado algumas circunstâncias desfavoráveis, conseguiu manter o *low profile*. O momento de alta vivido pela cantora/compositora nos anos 90 foi, assim, alcançado através de uma série contínua de lutas para se afirmar dentro do meio musical. Ironicamente, Joyce acabou sendo um exemplo vivo da famosa assertiva de Antônio Carlos Jobim: "a única saída para a música brasileira é o aeroporto do Galeão".

3.4.3. Sutileza e criatividade: Fátima Guedes

Ao escutarem o primeiro disco da carreira de Fátima Guedes, os ouvintes da época devem ter ficado um tanto confusos. Afinal, o trabalho era composto por uma impressionante variabilidade rítmica: sambas-canções, choros e baladas se alternavam, recheados por letras que variavam entre uma ironia afiada e um amargor insuspeito para uma jovem de apenas 20

---

[40] Joyce não constitui caso isolado. Cantores e grupos brasileiros que desenvolvem a mesma tendência rítmica alcançaram grandes sucessos nas pistas londrinas. Entre tais artistas, podemos destacar João Donato, Marcos Valle, Som Três e Sivuca.

anos. O que mais impressionava, porém, era a voz: anasalada e de poucas proporções, ela não se encaixava em padrões pré-estabelecidos, mas primava pela originalidade.

Fátima Guedes foi uma das revelações da já citada safra de 1979 e conseguiu sobressair em meio às demais artistas não somente em função de sua voz diferenciada. Na verdade, chamava também a atenção que o trabalho de estreia de uma cantora/compositora investisse claramente em linhas melódicas absolutamente tradicionais e conservadoras. Era ainda surpreendente que, ao lado de uma consistente informação musical, fosse acoplado um discurso altamente elaborado, dotado de uma sofisticação digna de letristas veteranos. Segundo afirma em depoimento pessoal, Fátima teve, em sua formação, uma série de influências que podem ser consideradas indiciadoras das características de sua produção: "Eu escutava muito Chico Buarque, Milton Nascimento e Gonzaguinha, enfim toda a MPB (...). O pessoal mais para trás: Maysa, Dolores. (...) Eu escutei tudo, tudo de MPB. (GUEDES, In: COUVERT ARTÍSTICO, 1996)."

O fato de Fátima Guedes citar Maysa e Dolores Duran entre nomes influenciadores de sua formação demonstra que, já nessa etapa da música brasileira, existia uma confluência entre as gerações de compositoras. Nesse contexto, as artistas dos anos 70 desenvolveram alguns dos pressupostos estabelecidos nas obras de Dolores Duran e Maysa. Sem dúvida alguma, aquela que mais frequentemente os levou adiante foi Fátima Guedes. Por outro lado, ela não se limitou a ser um mero clone de Dolores e Maysa, mas incorporou em suas músicas uma série de dados que dizem respeito à situação das mulheres em seu contexto histórico. Essa temática resultaria em interessantes investigações acerca da condição feminina e faria com que a obra de Fátima Guedes mantivesse uma série de pontos de contato com a de Joyce. Compositoras-irmãs, as duas conseguiram estabelecer uma dicção que talvez seja a melhor síntese da produção musical de autoria feminina do decênio de 70[41].

---

[41] A identificação entre os trabalhos das duas compositoras é corroborada por Joyce que, no encarte do álbum *Revendo amigos*, faz a seguinte afirmação acerca de Fátima Guedes: "uma compositora que eu adoro e que, como eu, cultiva o feminino em sua música".

Os dois primeiros álbuns de Fátima Guedes mostram uma unidade temática que os torna indissociáveis. Nesses dois trabalhos ela perfaz um interessante discurso que tematiza situações diversas vividas por *eus* preferencialmente femininos[42]. Além disso, Fátima insere suas temáticas dentro do contexto socioeconômico, o que resulta no desenho de perfis de mulheres pertencentes a classes sociais menos favorecidas. Era a primeira vez, dentro da história da MPB, que uma compositora investia sistematicamente nesse filão espinhoso, favorável a exacerbações piegas. Fátima Guedes teve, porém, o mérito de oferecer um tratamento equilibrado ao tema.

Paralelamente à qualidade do trabalho de Fátima, a indústria fonográfica, talvez movida pelo timbre quase adolescente da voz da cantora, investia em um *build up* que, em princípio, parecia estar em completo desacordo com os conteúdos das canções por ela assinadas.

O projeto gráfico assinado por Elifas Andreato para o álbum "Lápis de Cor" investia claramente na juventude de Fátima. Simulacro de caderno de menina-moça, o álbum chegava à sofisticação de ser encadernado com espiral e levava uma tradicional etiqueta escolar na capa. Os encartes eram compostos por letras infantilizadas e desenhos que simulavam decalques escolares. Margens e pautas de caderno completavam o visual do produto. Em um tempo em que as vozes de mulheres estavam em alta no mercado, a indústria investiu em estereótipos da condição feminina para compor a imagem de Fátima — delicadeza e ingenuidade foram unidas, no afã de forjar uma figura de mulher que atendesse por completo ao esperado pela sociedade patriarcal.

Índices semelhantes dessa linha de trabalho estariam presentes de modo mais evidenciado na proposta gráfica de Lápis de cor (1981), no qual a infantilização da mulher é levada às últimas consequências. A figura de Fátima Guedes, inserida acomodada e placidamente feliz dentro da casa, era complementada, na contracapa do disco, pelo esplendor ingênuo da imagem do arco-íris — uma estreita ligação era estabelecida entre o espaço doméstico e a felicidade da mulher, num reforço evidente de conceitos estabelecidos pelo *status quo* do patriarcalismo. Os grafismos que

---

[42] A belíssima canção "Aldeia modelo", construída a partir da visão de um eu lírico masculino, constitui, nesse contexto, somente uma exceção confirmadora da regra.

compunham o álbum *Lápis de cor* indicavam o conteúdo das canções, que, numa virada da carreira de Fátima, deixavam de tratar de temas ligados à realidade concreta. Fadas, gnomos e elfos passariam a fazer parte do interesse das letras — vide "Arco-Íris"—, ao mesmo tempo em que a canção-título descrevia um amor idealizado e aparentemente distante de conflitos cotidianos. Ratificando a imagem de menina ingênua, a imprensa da época faria referência ao trabalho de Fátima Guedes como "o terceiro disco da carreira individual da mocinha que queria ser professora no subúrbio carioca de Jacarepaguá" (PINTO, 1981, p. 63).

É revelador que, a partir de meados dos anos 80, Fátima tenha passado a investir em propostas musicais diferenciadas das que até então realizara. Em *Muito prazer* (1983), por exemplo, teríamos uma cantora posando sensualmente na contracapa do disco. Fátima Guedes rendia-se ao *pop* e, em algumas das canções do álbum mencionado, abusava de guitarras e teclados. Essas opções estéticas constituíam uma clara concessão ao mercado musical da época. Dentro desse contexto, o afastamento de informações musicais tradicionais foi o caminho seguido pela artista.

Em busca do público perdido, Fátima Guedes permaneceria, durante todo o restante dos anos 80, produzindo discos que não faziam jus à sua competência de compositora. Somente na década de 1990 ela lançaria álbuns que retomavam o (alto) nível de seus trabalhos iniciais. Com *Prá bom entendedor* (1993) e *Grande tempo* (1995), ela demonstraria uma sensível evolução enquanto cantora — mostrando uma voz amadurecida — e compositora — produzindo textos eminentemente concisos, que primam pela busca da síntese. "Eu não me perco mais em imagens" diria, a este respeito, a compositora (GUEDES, In: COUVERT ARTÍSTICO,1996). Nada mais coerente, se levarmos em conta que, segundo depoimento seu, a exatidão das palavras dos *haikais* passaram a ser os modelos adotados em sua obra.

O trabalho de Fátima Guedes pode ser considerado, portanto, uma pesquisa incessante e trabalhosa na busca do aprimoramento da palavra no universo musical. Ela é uma compositora que conceitua seu trabalho, o que significa dizer que exerce uma reflexão constante acerca de seu labor artístico. Coerente é, portanto, o seu convívio com um grupo de compositores que atuam de maneira semelhante e, embora produtores de obras de significativa qualidade, não lograram, ainda, "estourar" perante o grande público. Situação semelhante vive Fátima, que, possuidora de um conjunto de canções que a habilitariam a ser alçada ao primeiro time de músicos da MPB, resta como figura sistematicamente menos-prezada. Dessa maneira, como afirma coerentemente um resenhista tratando de um de seus álbuns, "Fátima Guedes merecia ter seu valor mais reconhecido" (TRIBUNA DA IMPRENSA, 1995).

3.5. A autoria feminina pós-*boom*

Cerca de um século após a contribuição pioneira de Chiquinha Gonzaga, a autoria feminina no cancioneiro popular constitui fenômeno estabelecido no sistema musical brasileiro. O *boom* de compositoras ocorrido durante os anos 70, porém, não mais se repetiu em semelhantes proporções.

Durante a década de 80, com a explosão do BRock, houve um refluxo na participação feminina em nossa música popular: dentro do machista mundo roqueiro, as mulheres não tiveram vez. As poucas que participaram do movimento raramente estiveram na proa do processo. Os nomes de Dulce Quental e Paula Toller constituem exceção nesse contexto e, por isso mesmo, são dignos de destaque.

Dulce Quental foi líder de uma das centenas de bandas de pop/rock surgidas durante o decênio de 80. O *Sempre livre*, grupo do qual Dulce era vocalista, possuía, entretanto, uma característica particular, já indicada pelo seu nome, que fazia referência ao conhecido absorvente higiênico: tratava-se da primeira banda brasileira de rock formada exclusivamente por mulheres. Era, sem dúvida, uma audácia. Os bons tempos do *Sempre livre* duraram pouco — o exato tempo de consumo do *hit* "Eu sou free" —, mas foram suficientes para que Dulce tivesse seu nome destacado e iniciasse uma carreira solo pontuada por composições de sua própria lavra. A cantora/compositora não conseguiu, entretanto, encontrar espaço próprio dentro do mercado. Nos anos 90, limitou-se a atuar em parceria com Roberto Frejat, escrevendo músicas divulgadas pelo *Barão Vermelho*[43].

---

[43] Cf. "Pedra, flor e espinho" e "Guarda essa canção", parcerias de Quental e Frejat presentes, respectivamente, nos álbuns do Barão Vermelho intitulados *Supermercados da vida* (1992) e *Carne crua* (1994).

Mais bem-sucedida foi a carreira de Paula Toller. Vocalista do *Kid abelha e os abóboras selvagens*, uma banda influenciada diretamente pelo *new wave* londrino, Paula foi alçada a líder do grupo após a saída do parceiro Leoni. Musa *teen*, ela e o conjunto, batizado posteriormente apenas como *Kid abelha*, mantiveram-se sempre antenados com o gosto popular, alcançando continuamente boas cifras de vendagem. Paula Toller desenvolveu uma obra musical que, em alguns momentos, consegue se equiparar ao nível dos melhores compositores da geração, como Cazuza e Renato Russo. Assim, sucessos que pareciam meramente descartáveis quando da época de lançamento, como "Fixação", "Como eu quero", "Pintura íntima" e "Seu espião", hoje já são considerados clássicos para aqueles que viveram sua adolescência durante os anos 80.

Passadas duas décadas da explosão feminina dos anos 70, no início dos anos 90 tivemos novamente uma avalanche — se bem que em menor proporção — de vozes femininas invadindo a mídia[44]. Em princípio chamadas de "cantoras ecléticas" — já que não se limitavam a cantar somente um gênero musical —, elas foram digeridas pelo grande público, que passou a consumir rapidamente seus trabalhos. Adriana Calcanhoto, Anna Carolina, Belô Velloso, Cássia Eller, Daniela Mercury, Marisa Monte, Rosa Passos, Selma Reis e Zélia Duncan foram algumas das vozes surgidas no decênio. Poucas delas assumiram sistematicamente o papel de letrista das canções que interpretavam. Prefeririam cantar músicas compostas por outros artistas — na maioria das vezes, do sexo masculino. Ficam, portanto, as seguintes perguntas: por que, na década de 90, as mulheres abriram mão de expor suas próprias visões de mundo? Por que optaram por se tornar meras intérpretes de textos alheios? A par de razões meramente mercadológicas, podemos supor que o pouco interesse pela manutenção de uma obra de autoria feminina também tem a ver com o

---

[44] A continuidade sistemática de gerações de compositoras conseguiu mudar sensivelmente o panorama da autoria feminina na MPB. Assim, se durante os anos 70 não havia sequer um número suficiente de compositoras para preencher doze faixas de um disco, na década de 90 a cantora Verônica Sabino conseguiu elaborar tranquilamente um álbum composto somente por músicas de autoria feminina. Por falta de espaço, aliás, a cantora teve que deixar várias compositoras importantes de fora do projeto.

refluxo do movimento feminista naquele momento histórico. Pensar a condição feminina é também uma forma de luta, e abandonar o direito de compor, conquistado a duras penas, só pode trazer prejuízos para a posição ocupada pela mulher na sociedade brasileira, pois se deixa de expor as particularidades do universo feminino através de uma manifestação artística que alcança parcela considerável da população.

Calcanhoto e Duncan, fugindo à regra estabelecida, criaram obras nas quais podemos notar a estruturação de dicções particulares. Zélia Duncan tem declaradamente, entre suas influências, as figuras de Joyce e Rita Lee, fato que revela a continuidade de pressupostos estéticos intergerações. Zélia era somente uma voz promissora em 1991, quando lançou *Outra luz*, um álbum de produção equivocada. Nesse trabalho, somente a faixa-título, uma parceria com o baterista Christiaan Oyens, era de autoria da então Zélia Cristina. Significativo é que, no segundo disco (1994), investindo sistematicamente em sua porção letrista — nove das doze canções que compunham o álbum levavam sua assinatura —, a agora Zélia Duncan tenha alcançado instantaneamente o sucesso[45]. A junção da voz de timbre grave com a alma *folk* de suas composições recebeu aplausos unânimes da crítica nacional e até mesmo internacional. Resultado: o trabalho foi considerado pela revista americana *Billboard* um dos dez melhores álbuns latinos do ano de 1994. Zélia é letrista de estilo particular, que mescla imagens áridas e metáforas desconcertantes à temática lírica, o que resulta em um trabalho personalista e marcante.

A gaúcha Calcanhoto ingressou no mercado em 1990, com *Enguiço*. Embora recebido com reservas pela crítica, o álbum conseguiu emplacar a música "Naquela estação" na trilha de uma telenovela e, consequentemente, nas rádios. Em *Senhas* (1992), o segundo disco, a escaldada Adriana avisava na primeira faixa: "Eu não gosto do bom gosto", e lançava uma série de índices que definiam melhor seu trabalho para aqueles que, segundo as palavras da compositora, não haviam compreendido o primeiro disco. Movida pelo sucesso de suas canções, que continuavam embalando as tramas

---

[45] Também deve ser destacado, obviamente, que a estrutura de uma gravadora multinacional ajudou a alavancar o sucesso de Zélia Duncan, cujo álbum de estréia — produzido pela pequena gravadora Eldorado — não recebeu o tratamento adequado de divulgação.

de personagens de telenovelas, Calcanhoto conseguiu, com *A fábrica do poema* (1994), a difícil tarefa de unir sofisticação a divertimento. Álbum mais consistente da cantora/compositora até então, emplacou *hits* como "Estrelas" e "Metade" nas rádios, ao mesmo tempo em que continha textos dos poetas Gertrude Stein, Pedro Kilkerry e Waly Salomão. Em uma canção do álbum, que possui o sugestivo título de "Minha música", Calcanhoto afirmava: "Minha música não quer pouco". A sofisticada produção da compositora confirma tal assertiva. Com efeito, as originais melodias de Adriana são, via de regra, acompanhadas por letras nas quais, através de recursos insólitos, a compositora estrutura seu discurso. Exemplifiquemos:

> Por meus passos velozes
> vapores
> suores
> sotaques
> antenas
> stones
> [...]
> O meu amor pelas misérias
> me leva,
> me trouxe,
> roça o que interessa
> e fez de mim
> alguém que eu sou hoje (CALCANHOTO, 1992)

Canções como "Tons" constituem claros exemplos da presença de pressupostos estéticos comuns à poesia concreta na música de Calcanhoto — não é à toa que o poeta Augusto de Campos apareça, em participação especial, em um dos discos da artista. Por tabela, seu trabalho se aproxima em muito da estética do ex-titã Arnaldo Antunes, outro apaixonado pela estética do Concretismo.

A história da autoria feminina na MPB constitui um enredo ainda não totalmente desvendado. Marginalizadas em diversos momentos, as compositoras que participaram dessa história são, na maior parte das vezes, relegadas a uma posição secundária pelo cânone. Não obstante, elas tiveram o mérito de fundar uma tradição particular, produzindo obras nas quais suas marcas estão presentes, criando estilos que não só são importantes para melhor compreendermos suas respectivas dicções, mas que também nos ajudam a decifrar variados aspectos do conjunto da música popular brasileira. Dentro desse contexto, elas investiram continuamente em núcleos temáticos comuns, oferecendo-lhes tratamentos diferenciados em função dos respectivos cenários histórico-sociais. Investigar os procedimentos mantidos pelas diversas gerações de compositoras é a tarefa que manteremos nos próximos capítulos.

O MATO,
O CHEIRO,
O
C
É
U

4

> *Ai, ai, o mato, o cheiro, o céu*
> *O rouxinol no meio do Brasil*
> *O uirapuru canta pra mim*
> *E eu sou feliz só por poder ser*
> (FÁTIMA GUEDES)

A natureza[1] aparece representada de maneiras diversificadas nas obras das compositoras aqui analisadas. O fator diacrônico é o principal responsável por essa variabilidade de tratamentos: gerações diferentes estruturam procedimentos diversificados, enquanto artistas pertencentes a uma mesma geração dão à natureza um tratamento que, se não é rigidamente igual, mantém diversos pontos de semelhança. Essa realidade é determinada em função dos diferentes componentes históricos formadores de cada geração. O objetivo do capítulo que ora iniciamos é justamente analisar a confluência geracional no tratamento oferecido à temática da natureza. Para concretizarmos tal objetivo, estudaremos de modo

---

[1] Nesse contexto, o termo natureza significa o conjunto de seres que formam o universo, como sugere a epígrafe do capítulo.

detido os procedimentos elaborados pelas diversas artistas no decorrer da história da MPB no que diz respeito à referida temática.

4.1. O vento frio e a vontade de chorar: Dolores Duran e Maysa rimam natureza com tristeza nos anos 50

Ai, a rua escura
O vento frio
Esta saudade
Este vazio
Esta vontade de chorar

(J. RIBAMAR/ DOLORES DURAN)

Observemos detidamente os trechos das canções destacadas a seguir:

I	II
O Rio amanheceu cantando Toda a cidade amanheceu em flor E os namorados vêm pra rua em bando Porque a primavera é a estação do amor (João de Barro)	No ar parado, passou um lamento Riscou a noite e desapareceu Depois a lua ficou mais sozinha Foi ficando triste e também se escondeu Na minha vida Uma saudade meiga soluçou baixinho (Dolores Duran)

É fácil notarmos que, nas letras anteriores, a natureza recebe tratamentos claramente diferenciados. João de Barro (Braguinha) descreve um amanhecer luminoso do Rio de Janeiro, onde o alvorecer da primavera parece tomar conta do estado de espírito dos habitantes da cidade — por consequência, nesse clima de leveza, alegria e descontração, o amor torna-se sentimento predominante nos indivíduos. Em comparação, a música de Dolores Duran apresenta uma natureza estática e sombria, apresentada a partir de vocábulos como "lamento", "sozinha" e "triste". Identificado com a natureza, o eu retratado na música tem uma vida marcada por "saudades" e "soluços". As duas canções trazem elementos que as diferenciam entre si — o contraste entre a luminosa letra de João de Barro e o umbroso texto de Dolores Duran pode ser verificado de imediato, ao observarmos, mesmo que de forma superficial, as duas canções. A diferenciação se reforça de maneira ainda mais evidente se notarmos que a marcha é o ritmo escolhido pelo primeiro para acompanhar seu canto de alegria à cidade e aos amantes, enquanto a compositora opta por um ritmo dolente para estruturar a sua canção.

Não obstante as diferenciações apontadas, uma realidade une de maneira decisiva os dois textos: o fato de ambos promoverem a identificação entre *anima* e natureza. Na história de nossa música, esse procedimento é uma tradição continuamente cultivada. De Chiquinha Gonzaga a Noel Rosa, grande parte dos compositores de nosso cancioneiro popular já havia investido, até os anos 50, em semelhante estratégia na construção de suas letras. Logo, no trecho anteriormente transcrito, Dolores Duran nada mais fez que dar continuidade à tradição, ainda que a adaptando ao universo particular de sua obra. Escolha semelhante faria Maysa na produção de suas canções.

A identificação *anima*-natureza é somente uma das muitas influências que o estilo romântico legou ao cancioneiro popular do Brasil. A ascendência do Romantismo sobre nossa música pode ser creditada à atuação exercida por diversos poetas românticos no campo musical. Via de regra atuando como produtores de modinhas, Álvares de Azevedo, Castro Alves, Fagundes Varela e Artur Azevedo foram alguns dos artistas que, intensiva ou esporadicamente, atuaram como compositores, deixando *ad aeternum* o legado do ideário romântico na música brasileira.

A história dos movimentos artísticos foi, e ainda é, continuamente marcada pela presença da temática da natureza. Do lirismo da Antiguidade à poesia árcade, passando pela produção medieval, a natureza sempre esteve em pauta nas mais diversificadas obras poéticas. Com o Romantismo, entretanto, essa temática adquiriu proporções que até então não haviam sido sistematicamente elaboradas pelos artistas. Em linhas gerais, podemos dizer que, na escola romântica, a natureza adquiriu sensações ânimicas, passando a interagir com os diversos sentimentos elaborados pelo poeta em seu texto. A esse respeito, elucida Afrânio Coutinho: "Como que se desenvolveu um estado de comunhão ou correspondência entre a paisagem e o estado de alma dos escritores, poetas ou romancistas" (1986, vol. III, p. 26). *Significativa, reveladora* e *expressiva*, a natureza romântica serviu como refúgio a um indivíduo assoberbado pelas premências e angústias do momento presente. Em outras palavras, a natureza constituiu espaço físico preferencial para a concretização do escapismo romântico.

Maysa e Dolores Duran assimilaram bem a lição e tomaram emprestados alguns dos caracteres estéticos e existenciais estabelecidos pelo Romantismo. A manutenção de vários pressupostos românticos nas obras das compositoras pode ser esclarecida a partir de comentário do crítico Benedito Nunes. Em "A visão romântica" (NUNES, In: GUINSBURG [org.], 1978), o autor distingue duas categorias no conceito de Romantismo: a psicológica, que constitui um modo particular de sensibilidade, e a histórica, que se refere a um movimento literário datado. O conceito psicológico de Romantismo ultrapassou a época histórica do movimento e influenciou diversos outros artistas e estilos posteriores, o que resulta na contínua atualização dessa categoria. Ora, sabendo que a tradição romântica com relação ao trato à natureza foi fundada por obras provindas do imaginário masculino, torna-se ainda mais interessante observarmos como duas autoras, cerca de cem anos após os poetas românticos, atualizaram o conceito psicológico do movimento, se aventurando a oferecer contribuições particulares, via letra de música, à temática em questão.

O fator diacrônico torna-se primordial neste caso. Seria inconcebível que, atuando no contexto sociopolítico do pós-guerra, Dolores e Maysa conservassem caracteres artísticos idênticos aos elaborados pelos escritores do Romantismo. Por conseguinte, as compositoras estruturaram, em seus textos, um desenho de natureza integrado à urbe: é a natureza na cidade, convivendo pacificamente com os avanços tecnológicos até então atingidos por nossa civilização. A rua urbanizada torna-se o lugar preferencial para a admiração da natureza existente dentro da grande cidade. Sobrevivem as estrelas, a lua e o sol, porém a exuberância vigorosa e selvagem da natureza romântica dá espaço a outro aspecto também típico do Romantismo: a "valorização do terno, do simples" (CÂNDIDO,

CASTELLO, 1977, vol. I, p. 206). Não é outro o tratamento recebido pela natureza na célebre canção "Estrada do sol", parceria de Jobim e Dolores Duran.

O entrecruzamento dos núcleos temáticos amor e natureza ocorre de modo claro na famosíssima canção. No seu contexto, é evidente a ação beneplácita da natureza sobre o eu lírico, que se esquece das mazelas do cotidiano e se integra perfeitamente ao mundo natural em companhia do ser amado. O escapismo tipicamente romântico mantém-se presente na música de Dolores, já que, via a fuga para a natureza, concretiza-se o alheamento dos problemas do dia a dia. E a melodia elaborada pelo parceiro Tom Jobim consegue adequar-se perfeitamente à letra, trazendo um sentido de alegria e fluidez para a ambientação de felicidade tecida pelas palavras de Dolores. A escolha da manhã para a concretização da felicidade dos dois amantes é altamente sugestiva, pois esta etapa do dia

> simboliza o tempo em que a luz ainda está pura, onde nada ainda está corrompido, pervertido ou comprometido. A manhã é ao mesmo tempo símbolo de pureza e de promessa; é a hora da vida paradisíaca. É ainda a hora da confiança em si, nos outros e na existência. (CHEVALIER, GHEERBRANT, 1989, p. 587-588)

A cristalina luminosidade dessa letra constitui momento raro na geralmente sombria obra de Dolores Duran, como bem observa o jornalista Ruy Castro: " 'Estrada do sol' narrava uma *morning after* tão luminosa entre dois amantes que os habituados às penumbras de Dolores devem ter estranhado"(1990, p. 107).

As "penumbras de Dolores" — e também as de Maysa —, teriam, dentro da temática da natureza, o ambiente propício para o seu fomento. Nesse contexto, a escolha frequente da tarde como pano de fundo para a elaboração de histórias cujos sentimentos variam, majoritariamente, entre a angústia e a melancolia, constitui procedimento que torna coerente a relação cenário/conteúdo na obra. Isso ocorre porque a tarde — e, acentuadamente, o entardecer — é o momento do dia privilegiado para a instalação da penumbra: nem noite, nem manhã; morte do sol, nascedouro da lua. Maysa tematiza tal instante em uma canção sintomaticamente intitulada "Tarde triste", cujo ar soturno é reforçado se ouvirmos a interpretação da cantora. Colocando sua voz de timbres graves a serviço de uma letra de conteúdo eminentemente tristonho, Maysa também tem a seu favor a melodia por ela escolhida ao elaborar a canção, que se casa perfeitamente com o clima melancólico sugerido. Se compararmos a letra acima com um poema do ultrarromântico Álvares de Azevedo, veremos que sobrevive na obra da compositora um sentido indissociável do espírito romântico. A saudade e a melancolia assolam tanto um quanto outro eu lírico, que, em contato com o cair da tarde, veem aflorar em si sentimentos sugestionados pelo ambiente do mundo natural. É o que podemos constatar a partir da leitura de um fragmento de "Crepúsculo nas Montanhas", poema do citado escritor do século XIX:

> Além serpeia o dorso pardacento
> Da longa serrania,
> Rubro flameia o véu sanguinolento
> Da tarde na agonia.
>
> No cinéreo vapor o céu desbota
> Num azulado incerto;
> No ar se afoga desmaiando a nota
> Do sino do deserto.
>
> Vim alentar meu coração saudoso
> No vento das campinas,
> Enquanto nesse manto lutuoso
> Pálida te reclinas.
>
> E morre em teu silêncio, ó tarde bela,
> Das folhas o rumor
> E late o pardo cão que os passos vela
> Do tardio pastor!
> (AZEVEDO, In: CÂNDIDO, CASTELLO, 1977, vol. II, p. 16)

Se a melancolia das obras de Dolores Duran e Maysa casava perfeitamente com o momento do entardecer, em diversos momentos da lírica das duas compositoras a exacerbação desse sentimento levaria os indivíduos a se encontrarem em estados explícitos de angústia e depressão. A noite seria utilizada como espelho exterior de tais sentimentos experimentados pelo eu-lírico. A associação natureza/ tristeza atinge, dentro deste contexto, o seu ponto culminante. O texto abaixo exemplifica tal realidade:

> O que eu estou procurando
> No vago aflita olhando
> De canto em canto buscando
> O que?
> De noite a lua assiste
> Que eu fico ainda mais triste
> E saio pra rua andando
> Procurando, mas o que? (MAYSA, 1993)

É notório o contraste existente entre o estado de espírito do eu lírico da canção acima e o de "Estrada do sol", fato evidenciado pela disparidade melódica existente entre as duas composições em questão. A oposição felicidade *versus* angústia é ainda acompanhada por elementos da natureza dessemelhantes, que variam entre o ápice da luminosidade e a escuridão extrema. Isso nos permite concluir que há, efetivamente, uma ligação entre os estados de espírito descritos e a escolha por tais elementos da natureza. Daí que, se as obras de Dolores e Maysa traduzem, na maior parte das vezes, opressão, padecimento, ansiedade e desgosto da vida, não devemos estranhar que seja a noite um elemento presente com grande frequência. Nessas obras, as compositoras nada mais fazem do que seguir à risca um dos mais caros preceitos ditados pelo Romantismo: "A natureza romântica é expressiva. (...) *Prefere-se a noite ao dia*, pois à luz crua do sol o real impõe-se ao indivíduo, mas é na treva que latejam as forças inconscientes da alma: o sonho, a imaginação." (BOSI, s. d., p.102 — o grifo é nosso)

Subtema importante dentro da temática da natureza, a noite carrega consigo algumas simbologias relevantes. Segundo Chevalier & Gheerbrant,

> entrar na noite é voltar ao indeterminado, onde se misturam pesadelos e monstros, as ideias negras. Ela é a imagem do inconsciente e, no sono da noite, o inconsciente se libera. (...)
> Na teologia mística a noite simboliza o desaparecimento de todo conhecimento distinto, analítico, exprimível; mais ainda, a privação de toda evidência e de todo suporte psicológico. (Op. cit., p.640)

Aqui, portanto, uma coerente explicação para o gosto de Dolores e Maysa por ambientes noturnos. Donas de obras que privilegiam o subjetivismo da investigação existencial, ambas estruturaram seus textos em ambientes propícios ao extravasamento da individualidade: à noite, fica-se "ainda mais triste" e procura-se algo que nem o próprio eu-lírico consegue identificar. Não é à toa que Maysa, em "Rindo de mim" (1970), afirma: "Sinto grande agonia/ Quando o sol se deita".

Se a noite é espaço preferencial para a instalação do ambiente depressivo, os elementos da natureza que compõem esse cenário serão repetidamente dotados de carga negativa. Ainda em "Rindo de mim", o eu lírico sente-se zombado pelas estrelas que piscam, enquanto em "Toda tua" a mesma Maysa descreve um indivíduo chorando à luz do luar. "A noite eterna da (...) amargura" (DURAN, 1959) é responsável também pela escuridão do ambiente urbano e a solidão imputada ao eu lírico será frequentemente concretizada através da imagem do abandono em uma rua escura. Exemplo concreto de delineação da última imagem é o seguinte trecho de "Pela rua", no qual o eu lírico afirma:

> No meu olhar um mundo de tristeza
> Veio se aninhar
> Minha canção ficou assim sem jeito
> Cheia de desejos

> E eu fui andando.
> Pela rua escura
> Pra poder chorar.
> (DURAN, In: CAYMMI, 1994)

O ambiente noturno sugerido por essas letras é acompanhado por melodias que visam a traduzir toda a tristeza do conteúdo da canção. Dentro dessa realidade, a paz de espírito é sentimento apenas alcançado à noite, se este for entendida como espaço de desejo utópico do eu lírico. Seguindo tal linha temática, Dolores Duran construiria "Noite de paz", uma de suas mais conhecidas — e belas — canções:

> Dai-me Senhor uma noite sem pensar
> Dai-me Senhor uma noite incomum
> Uma só noite em que eu possa descansar
> Sem esperança e sem sonho nenhum. (Ibidem)

Mesmo a famosa "noite do meu bem", cantada por Dolores Duran, constitui tão somente uma hipótese. Existe apenas o desejo da realização da noite, mas não há a notícia de sua efetiva concretização. Na letra dessa que talvez seja a mais famosa música de Dolores, os elementos da natureza pululam: rosas, estrelas e flores fazem parte do enfeite da noite utopicamente sonhada. A admirável tessitura do texto privilegia a pureza como sentimento primordial que se identifica à perfeição com o cenário natural que forma o leito de amor do casal.

A singeleza talvez seja a maior característica de Dolores e Maysa no trato com a natureza. Os procedimentos estéticos realizados pelas duas compositoras levaram-nas a antecipar o que, anos depois, Vinícius de Moraes, Carlos Lyra e os demais compositores da Bossa Nova realizariam com sucesso em suas canções. Atualizando alguns traços da categoria psicológica do Romantismo, as duas desenvolveram, no século XX, os elementos subjetivos e emocionais presentes no relacionamento entre homem e mundo natural, promovendo, assim, uma releitura de procedimentos pertencentes à tradição romântica.

4.2. A natureza *natureba*

> *Bom é não fumar*
> *Beber só pelo paladar*
> *Comer de tudo que for*
> *Bem natural*
> *E só fazer muito amor*
> *Que amor não faz mal*
>
> (JOYCE)

A canção "Monsieur Binot", da qual faz parte o trecho acima transcrito, valeu a Joyce, nos idos de 1981, "merecida fama de musa natureba" (1993, p. 6). Esse ideário dominou o tratamento oferecido ao núcleo temático natureza durante a MPB nos anos 70, e "Monsieur Binot", apesar de registrada já na década seguinte, pode ser considerada um ícone da presença *natureba* em nossa música.

Essa atitude constitui uma ramificação da contracultura, que pode ser definida genericamente como

> o nome dado a todos os movimentos que, de alguma maneira, tentavam escapar dos padrões culturais instituídos na década de 60. Os movimentos de contracultura tentavam criar novos padrões de comportamento e de estética e foram responsáveis por boa parte do ideário da juventude daquela década. (LACERDA, 1997, p. 20)

Se nos lembrarmos que *You are what you eat* era um dos lemas-chave que mobilizavam os adeptos da contracultura, podemos associá-la, de imediato, à atitude *natureba*. Via filosofia *hippie*, principalmente, a contracultura chegaria ao Brasil em fins dos anos 60. Nada mais natural, portanto, que a geração de músicos atuante na década posterior fosse contaminada por seus pressupostos e os promovesse através de suas canções.

No caso específico da autoria feminina, Rita Lee foi aquela que mais encarnou a contracultura tanto em sua *persona* pública quanto em suas letras. No primeiro caso, contribuiu para a efetivação de sua imagem iconoclasta o visual exótico utilizado por ela em diversas capas de discos e encartes de álbuns. No segundo item, o tom confessional que parte de sua obra assume dá margem a relatos de experiências biográficas da artista, como a vida em comunidade *hippie* e o uso de drogas. Dentro desse contexto, abordar a relação indivíduo/ natureza a partir de pressupostos filosóficos da seita *hare krishna* era absolutamente coerente com sua trajetória. Foi o que ela fez na canção "O Futuro me absolve" (1978):

> Não é de hoje que eu estou aqui,
> Tentando voltar pro lugar
> De onde nunca saí
> Eu já fui pedra,
> Eu já fui planta,
> Eu já fui bicho,
> Hoje eu sou uma pessoa envolvida
> Pelas vidas que vivi!

Essa interessante canção tem como um de seus grande méritos a união de informações musicais diversificadas — rock e música latina — em um mesmo produto final. O resultado é que, como já foi observado no capítulo anterior, Rita consegue construir um sotaque próprio em seu trabalho. Com relação à letra elaborada pela compositora, podemos observar que o ser humano que já foi pedra, planta e bicho é, evidentemente, aquele concebido pelos *hare krishnas*. Segundo a crença, para atingir o atual estágio de desenvolvimento psíquico-espiritual, o ser transmutado em homem passou por etapas de aperfeiçoamento nas quais personificou elementos da natureza ainda não tão perfeitamente desenvolvidos. O eu lírico forjado pela compositora, plenamente consciente da inter-relação e complementaridade entre homem e natureza, éestruturado a partir de informações provindas da filosofia oriental. Mais contracultura, impossível.

A união misticismo/natureza não foi realizada exclusivamente por Rita Lee. Utilizando-se de informações provindas de fontes diversificadas, Fátima Guedes estruturou, em alguns momentos de sua obra, canções nas quais crenças esotéricas convivem com os elementos naturais circundantes. Uma de suas mais conhecidas composições nesse universo é "Arco-íris" (1981), em cuja letra eram citados seres pertencentes não só à cultura oriental, mas também às culturas nórdica e céltica. Duendes, elfos, fadas e gnomos encontram-se, nessa canção, em perfeito equilíbrio com o mundo natural, interagindo com ele de maneira absolutamente serena. A "força que comanda cada elemento" pode ser lida como uma menção ao poder misterioso, de cunho folclórico, que tais entidades possuem ao reger os diversos elementos da natureza.

Outra possibilidade de união de elementos místicos à paisagem natural é a utilização de figuras religiosas do Catolicismo que, via sincretismo religioso, comandam as forças da natureza. É o que ocorre, por exemplo, em canções como "Santa Bárbara" (1993), também de autoria de Fátima Guedes. No caso específico dessa música, a natureza indomada, reflexo do poder da entidade religiosa, é estruturada a partir de elementos que, no contexto da letra, trazem benesses. Assim, a escuridão — concreta e simbólica — em que se encontra o eu lírico é quebrada pelos clarões provindos dos raios que revelam a imagem de Santa Bárbara e sua consequente proteção. Os ventos e a chuva funcionam, respectivamente, como elementos que acariciam e limpam a alma do indivíduo. A violência e a brutalidade da natureza resultam, paradoxalmente, em carícias que constituem descobertas místicas reveladoras de pureza ao coração do sujeito. Por outro lado, o inteligente arranjo estruturado para dar corpo à canção tem o mérito de associar de imediato as figuras de Santa Bárbara e Iansã, no início da música, através de elementos percussivos que reproduzem o "ponto" nos cultos religiosos afro-brasileiros dedicado à orixá. Posteriormente, durante o decorrer da letra, ocorre uma mudança radical no uso dos instrumentos, que passam da exclusiva percussão a um complexo arranjo de cordas. O sincretismo encontra-se, portanto, também expresso nas soluções de arranjo, que reproduzem tanto o primitivo batuque quanto a erudição das cordas.

Outro aspecto a ser levado em conta acerca desse núcleo temático é que a luta pela preservação do meio ambiente seria popularizada nos anos 60 e 70, principalmente a partir da divulgação de pesquisas produzidas por cientistas pertencentes à área de conhecimento denominada Ecologia Social. Não deve espantar a multiplicação das letras com preocupações ecológicas em nosso cancioneiro popular. Além disso, um dos pontos principais defendidos pelo movimento contracultural era a defesa dos ambientes naturais degradados pela ação humana. A este propósito, o Pantera Branca — partido *hippie* norte-americano — afirmaria em manifesto: "Queremos um planeta limpo. Um povo são." (MACIEL, 1996, p. 45).

Rita Lee trataria da questão preservacionista, utilizando-se, entretanto, do viés humorístico. Evitando fazer canções-manifesto, ela iria, por exemplo, refletir acerca da corrida armamentista reproduzindo a modalidade caipira de discurso. Observemos um trecho de "Pirarucu" (1983), canção na qual Rita une sua interpretação acaipirada a uma paródia do ritmo *country*, o que acaba por causar hilaridade ao público receptor:

> O exocete é tiete,
> O destroyer num distrói eu,
> E o veneno das usina
> Fede mais do que urina!

Se as grandes cidades ofereciam em doses maciças a destruição do meio ambiente original, as compositoras ensaiaram uma volta à vida no campo — tomada, utopicamente, como estado perfeito de harmonia entre homem e natureza. Nesse *fugere urbem* contemporâneo, a produção de Fátima Guedes se destaca, pois lhe dedica toda uma vertente de sua obra, tornando equilibrada, ao menos no campo artístico, a relação do ser humano com seu *habitat*. Canções como "Da fazenda" (1983) concentram em si essa característica.

O acento eminentemente *pop* imprimido ao andamento dessa música marcha lado a lado com a alegria saudável que toma conta do eu lírico ao passear pela fazenda. O *lá* ao qual se refere a compositora no último verso constitui o objeto de canto nostálgico da música. É o universo rural a invadir e a inebriar o íntimo do sujeito em contato com a beleza de um ambiente ainda não degradado pelo homem. Reparemos, ainda, que os únicos indivíduos a compartilharem com o eu lírico tamanha beleza natural são os moleques da fazenda: a inocência infantil tomada como o instante no qual ser humano e natureza encontram-se em perfeito estado de harmonia.

O *natureba way of life* constituiu, portanto, uma gama de anseios ecológicos que misturava alimentação natural, misticismo e vida campestre — tudo isso embalado por ecos do ideário contracultural. À medida, porém, que foi digerido pelo cidadão médio, passou rapidamente à condição de modismo. Comidas macrobióticas, sanduíches naturais e arroz integral passaram a fazer parte dos cardápios de restaurantes, o que sinaliza a aceitação e, de certa forma, a diluição de um ideário que, em princípio, tinha como propósito fugir aos padrões impostos pela sociedade capitalista ocidental. O *status quo* passou a lucrar em função dos aspectos comercialmente interessantes da atitude *natureba*, conspirando para o fracasso de tal ideário. O mesmo ocorreu com relação a outros pressupostos contraculturais, que saíram dos reduzidos círculos *drop outs* e alcançaram o cidadão médio de maneira distorcida e/ou superficializada.

No caso de Joyce, musa *natureba*, essa diluição não trouxe grandes prejuízos ao seu labor artístico. Com efeito, somente uma análise pouco rigorosa tende a associar as raízes do trato à natureza, na obra de Joyce, exclusivamente à influência *natureba*. Observando mais detidamente a produção da compositora, podemos verificar que a gênese de seu canto ao mundo natural provém de sua declarada influência jobiniana. Não parece ser à toa que a letra de "Antônio" (1996), ao homenagear Tom Jobim, utiliza-se de reiteradas menções à natureza para estruturar a canção:

> Pedra entre todas as pedras
> De tudo o que planta
> De tudo o que dá
> Mina de todas as águas
> Nascente dos rios
> Caminho do mar

A referência ao compositor homenageado pode ser notada também se lermos a estrutura do arranjo vocal que acompanha a cantora como uma menção ao tradicional coro de vozes femininas que acompanhava

Jobim em suas apresentações — a semelhança entre os dois não constitui fruto do acaso; antes, é uma evidente intenção estética. O uso que Joyce faz nesta canção dos elementos da natureza constitui verdadeiro paradigma dos procedimentos executados por ela em toda uma vertente de sua produção. Com algumas exceções, a compositora aborda a natureza a partir de metáforas que denotam, insinuam, simbolizam. Nesse aspecto da obra de Joyce, a natureza guarda algo além do que as palavras dizem — é preciso interpretá-la, como procuram fazer as elegantes mensagens elaboradas pela compositora. Exemplifiquemos com o trecho introdutório de "Mistérios" (1996):

> Você chegou feito um silêncio
> Pra seduzir minha canção
> Feito uma folha na correnteza
> Feito um vento varrendo o chão.
>
> Você chegou feito um mistério
> Pra confundir minha visão
> Feito um presente da natureza
> Quem mandou, coração?

A compositora utiliza-se do recurso da comparação para estabelecer associações entre o ser amado e os elementos da natureza. Vento que varre o chão ou folha na correnteza, a ação do responsável por confundir a visão do eu lírico é apenas indiciada ao receptor da obra artística, já que falta uma linguagem que revele claramente os sentimentos daquele que canta. Por isso, o ouvinte deve se esforçar para melhor compreendê-los.

Em várias de suas canções, Joyce imbrica os núcleos temáticos amor-natureza, utilizando-se do último para levar a cabo metáforas que estruturem a mensagem sentimental que deseja transmitir. Em "Moreno" (1981), a compositora abre mão momentaneamente de um maior grau de sutileza e, "na mais escancarada declaração de amor *com nome e sobrenome* desde que a mulher começou a compor" (SOUZA, 1983, p. 110), louva Tutti Moreno — marido e parceiro de banda:

> Tutti Moreno conhece todos os ritmos
> Principalmente o ritmo da natureza
> [...]
>
> A água corre e lava de toda a loucura
> O fogo ardendo vai preparando a mistura
> O vendo sopra tua ferida e te cura
> O chão te acalma, o chão te recebe e segura.
> E é disso tudo que nascem todas as músicas
> E se repete a vida num giro sereno:
> Na pulsação do corpo de Tutti Moreno.

Não é à toa que a compositora faz repetidas menções ao pulsar do corpo de Tutti Moreno, cujo instrumento, a bateria, constitui uma extensão de seu próprio organismo. Por essa razão, as batidas do coração e da bateria se confundem e acabam por constituir o nascedouro das canções, conforme o afirmado na letra. A riqueza do arranjo elaborado para dar corpo à música constitui algo patente e, nesse contexto, os instrumentos percussivos, manipulados pelo próprio homenageado, adquirem tratamento absolutamente original. Para um ouvinte mais atento, a recepção dessa música constitui um prazer estético elaborado: além do duelo entre voz humana e sax soprano, que se estabelece em determinado momento, detalhes como o som de água que surge ao final do verso no qual esta é citada ou a percussão que se fortifica em diversas vezes que o vocábulo "pulsação" é cantado são algumas dentre as muitas pérolas que se encontram lançadas à espera de serem encontradas durante a audição. Quanto à natureza, ela aparece aí representada por seus quatro elementos: água ("A água corre, lava de toda a loucura"), terra ("O chão te acalma, o chão te recebe e segura"), fogo ("O fogo ardendo vai preparando a mistura") e ar ("O vento sopra tua ferida e te cura"). Segundo Jung, esses elementos podem ser divididos em masculinos — ar e fogo — e femininos — água e terra. Não obstante, eles aparecem associados nessa canção. Isso revela que a arte pode unificá-los e que, na pulsação da música e do amor de/ por Tutti Moreno, os quatro elementos se fundem. Nesse aspecto, aliás, a compositora retoma uma tradição de diversas culturas da Antiguidade, que tendiam a não tomar os elementos da natureza como estanques, mas como complementares.

Outro tratamento possível dado à natureza na produção de Joyce tem a ver com o espontâneo canto às belezas naturais observadas pelo eu lírico. Nessa vertente, destacam-se diversas manifestações de amor e de admiração à paisagem brasileira. O resultado é a explicitação da influência jobiniana e tornamos a observar a presença de traços românticos em nosso cancioneiro popular. Nesse caso, a natureza tropical cantada assume tons particularmente nacionalistas e nascem letras que recuperam os sentimentos das *canções do exílio* elaboradas pelos escritores do século XIX. É o caso de "Banana" (1980):

>Manga, caju, maracujá, sapoti,
>Fruta-de-conde, jenipapo, graviola, açaí,
>Jaca, pitanga, amora e abacaxi
>Ah, não há terra generosa
>Como as terras daqui.
>[...]
>
>Paca, tatu, cotia não, jabuti,
>Tem sabiá, tem curió
>Uirapuru, juriti
>Bicho-do-mato agora pode sair
>É um tiro só,
>É a morte,
>É doce como as frutas daqui.

Parece-nos claro que a enumeração — ora de frutas típicas, ora de animais silvestres brasileiros — constitui recurso textual que pretende permitir ao leitor alcançar conclusão semelhante à do eu lírico da canção: não há terras generosas como as terras daqui. O feliz arranjo dessa música une arranjo e conteúdo da letra, ao utilizar pios de pássaros que se manifestam ao fundo da voz da cantora, trazendo à canção um ambiente de floresta tropical. A aproximação entre natureza e índole do indivíduo se tece a partir do recurso da comparação e, mais uma vez, esse traço aproxima tal procedimento com o estabelecido pelo dispositivo romântico. É cabível, portanto, afirmarmos que a categoria psicológica do Romantismo age efetivamente na canção. Além disso, não há como não atentar para o fato de que a morte constitui dado trágico marcante na letra, espelho talvez do contexto político de repressão da época em que foi escrita.

A produção de autoria feminina contemporânea a Joyce compartilhou da manifestação de caracteres românticos em suas canções. Utilizando-se de recursos bastante semelhantes, Fátima Guedes logrou concretizar a aproximação natureza/subjetividade em "Cheiro de mato" (1980), canção que alcançou significativa repercussão à época de seu lançamento:

> Ai ai, o mato, o cheiro, o céu,
> O rouxinol no meio do Brasil.
> O uirapuru canta pra mim
> E eu sou feliz só por poder ser,
> Só por ser de manhã
>
> [...]
>
> Nanã, nanã, nanã, nanã
> Não faço nada que perturbe
> A doida, a louca passarada
> Ou iniba qualquer planta dormideira
> Ou assuste as guaribas na ameira
> Em contraponto com pardais urbanos
> Tão felizes soltos dentro dos meus planos,
> Mais boquiabertos que os meus vinte anos
> Indóceis e livres como eu.

No capítulo anterior, observamos que Joyce e Fátima Guedes podem ser consideradas compositoras-irmãs, em virtude das diversas características semelhantes de suas composições. Se tomarmos "Cheiro de mato" e "Banana" como paradigmas e compararmos as duas letras, notaremos a efetiva ligação dos dois universos musicais. Com efeito, tanto uma quanto outra canção abordam a natureza tipicamente brasileira, o que é ressaltado pelas diversas menções realizadas a exemplares da fauna e da flora tropicais. O exotismo da natureza, "sua beleza, sua hostil e majestosa selvajaria exerceram verdadeira fascinação sobre a mente dos escritores", afirma Afrânio Coutinho (Op. cit., vol. III, p. 26) acerca do tratamento dado a esse núcleo temático na realidade romântica. Suas palavras podem ser transportadas de contexto para caracterizarmos as obras de Joyce e de Fátima Guedes. Traços do Romantismo continuam marcando presença nas obras das compositoras ao identificarmos a associação entre natureza e eu lírico em seus textos. Como já observamos em "Banana", a comparação é a figura de palavra mais utilizada para o estabelecimento dessa associação. Fato semelhante ocorre em "Cheiro de mato", notadamente em seus últimos versos. Estes, a propósito, inserem a natureza dentro de um contexto urbano, o que representa um ajuste de contas da compositora com sua época social. Na canção "Lua brasileira", tal procedimento se repete, como podemos observar analisando o trecho a seguir:

> Linda,
> Por entre os edifícios brilha a lua
> Uma em cada rua,
> Lua feiticeira,
> Surpreendente,
> A cada esquina
> Ela é feminina
> Lua brasileira.

O samba-canção, gênero continuamente cultivado na história de nossa música, constitui o ritmo através do qual Fátima Guedes estrutura essa canção, na qual ruas, esquinas e edifícios convivem em harmonia com a lua. Formam, portanto, a paisagem através da qual cinematograficamente observamos o satélite. Resquício de natureza possível de ser observado na grande cidade, a lua paira majestosamente sobre a selva urbana, que se ajusta de modo a valorizá-la. Não podemos deixar ainda de observar a combinação de lua e feminilidade, que retoma a simbologia tradicionalmente associada ao satélite em diversas manifestações culturais ocidentais e orientais.

Retomemos, entretanto, o estudo acerca da manutenção de pressupostos românticos na produção de autoria feminina dos anos 70, analisando o caso de Rita Lee. Esta compositora mantém em sua obra a tradição de utilizar-se do recurso de juntar natureza e eu lírico. É o que acontece, por exemplo, no seguinte trecho de "Molambo souvenir" (1985):

> Old bossa hum
> New fossa
> Olha eu aqui sem viver
> E essa chuva lá fora
> Chora com pena de mim
> (...)
> Molambo souvenir
> Cicatriz
> Meu mundo caiu.

A natureza adquire, nesse contexto, caracteres anímicos, o que é viabilizado pela utilização da prosopopeia. A chuva que chora ou o sol que traz alegria constituem metáforas efetivadas exaustivamente na escrita romântica e ainda presentes continuamente em nosso cancioneiro e, particularmente, na obra de Rita Lee. Na letra acima, a citada chuva revela o tom de autocomiseração mantido pelo eu lírico. Essa ambientação melancólica retoma claramente a tradição iniciada por Dolores Duran e Maysa, e não é à toa que a última tem a canção "Meu mundo caiu" citada no trecho acima.

Dessa maneira, podemos observar que, apesar de o intervalo temporal de gerações ter trazido, obviamente, realidades históricas diferenciadas, em vários aspectos desenvolvidos em suas obras, as compositoras da década de 70 retomaram e, de maneiras diversas, levaram à frente alguns dos pressupostos semeados pela geração anterior.

4.3. A natureza possível

Dentro da obra de Adriana Calcanhoto desenvolvida durante os anos 90, a temática da natureza ocupa espaço bastante reduzido. Resta sabermos, porém, se a exiguidade das menções aos elementos naturais circundantes é resultante do limitado número de canções que, até aquele momento, formavam a obra da compositora ou se reflete uma opção estética que indica cosmovisão dominante na sociedade contemporânea.

Adriana Calcanhoto é dona de uma obra marcada eminentemente pela urbanidade e, dentro desse aspecto, aborda as misérias das grandes cidades sem deixar, entretanto, de revelar a fascinação que esse ambiente lhe provoca. Radical na sua opção de elaborar a crônica da urbe, a compositora estrutura uma estética na qual os elementos da natureza aparecem muito raramente. Sendo assim, Calcanhoto explicita a efetiva tensão natureza *versus* industrialização a partir do momento em que aborda muito pouco o primeiro elemento. E isso sem dúvida ocorre porque, dentro do espaço urbano, privilegiado pela compositora, a natureza ocupa um espaço cada vez mais exíguo. A quase ausência desse núcleo temático na obra de Adriana encontra-se, logo, plena de um significado que não pode escapar aos olhos de uma análise mais atenta.

Dito isto, resta analisarmos os momentos nos quais a natureza tem lugar na obra da compositora. Se, nos anos 50, Dolores Duran e Maysa construíam ambientes nos quais eram ressaltadas as etapas do dia e seus respectivos elementos naturais circundantes, Adriana Calcanhoto opta por dessacralizá-las e (con)fundi-las, talvez em virtude do ritmo de vida imposto pelo cotidiano da sociedade contemporânea. É o que acontece em "Tardes" (1995):

> Agora eu durmo tarde
> E acordo tarde
> E as tarde são assim
> Pra mim manhãs
> [...]
> Eu abro os olhos
> Eu olho as horas
> Eu molho os óculos
> E ainda é agora
> Eu cato conchas na geladeira
> Eu conto estrelas
> Depois que o dia nasce
> Será tarde?

Essa canção constrói um paradigma particular estabelecido pelo eu lírico na sua relação com o dia. Denotativamente, o vocábulo "tarde" possui significados que vão desde "horas adiantadas" até "espaço do dia entre o meio-dia e o anoitecer" (FERNANDES, 1993, p. 661). A partir do momento em que a lógica dicionarizada é subvertida nessa letra, a compositora, ainda que se aproveitando de alguns aspectos da leitura denotativa, subverte o conceito de tarde, que resulta em sua manhã particular. Por consequência, todas as outras etapas do dia sofrerão modificações em seus conceitos — a madrugada é composta pelo sol, enquanto o dia nasce repleto de estrelas no céu. Os elementos da natureza, assim, respondem a essa lógica diferenciada, o que resulta em uma adaptação deles às premências do indivíduo. A melodia da canção acompanha o conteúdo estabelecido pela letra, e o trecho no qual o eu lírico se dedica a estabelecer uma série de ações sem sentido, que visam a apressar a passagem do tempo, é marcado por um ritmo monocórdio, que traduz o tédio que domina o ser.

Em outras situações, o núcleo temático em questão constitui, dentro da obra da compositora gaúcha, mais uma entre outras informações que compõem o painel delineado. Ou seja, a natureza forma a paisagem dentro da qual os indivíduos se movem sem, entretanto, adquirir um significado maior. Isso ocorre, por exemplo, em canções como "Toda sexta-feira" (1996):

>Toda sexta-feira
>Toda a roupa é branca
>Toda pele é preta
>Todo mundo canta
>Todo o céu magenta
>[...]
>Toda gota
>Toda onda
>Toda moça
>Toda renda
>Toda sexta-feira
>Todo o mundo é baiano junto.

Em consonância com o conteúdo dessa canção, o arranjo estruturado para veiculá-la é constituído por uma série de elementos percussivos que se destacam perante os outros instrumentos. Apesar da presença de teclado, violão e baixo, destaca-se na recepção da música a presença da percussão formada por timbaus, tamborins, moringas e congas, que se dedicam a reproduzir um ritmo característico das cerimônias religiosas afro-brasileiras, justamente o tema da música. Com relação à natureza, podemos notar que as duas únicas referências feitas aos seus elementos têm como objetivo ajudar a formar o painel que proporciona o canto da autora. Utilizando-se de procedimentos que remetem a traços cubistas, Calcanhoto utiliza-se do pictórico para estruturar a canção, lançando em seu texto imagens diversificadas que formam um todo. Vejamos como se assemelha a arquitetura textual da letra anterior com o seguinte trecho de "Negros" (1993):

> O sol desbota as cores
> O sol dá cor aos negros
> O sol bate nos cheiros
> O sol faz se deslocarem as sombras
> A chuva cai sobre os telhados
> Sobre as telhas
> E dá sentido às goteiras
> A chuva faz viverem as poças.

O gosto da compositora pela anáfora leva à recorrência do tom monocórdio — caso das duas músicas antes analisadas — ou, como ocorre no caso imediatamente anterior, a um canto-fala quando da interpretação da letra. Quanto às manifestações da natureza que tomam corpo na canção, podemos observar que, dentro do ambiente urbano que se delineia no texto, somente têm lugar aquelas imprescindíveis para a continuidade da sobrevivência da espécie humana. Abordados sob um ponto de vista lírico, sol e chuva adquirem na canção funções surpreendentes, que fogem à rotina denotativa dos ouvintes. Adriana Calcanhoto novamente apela para o pictórico e estrutura uma letra na qual as imagens em separado formam um todo caracterizado pelo belo. Aliás, o bom gosto das imagens pode ter como paradigma o terceiro verso da canção, no qual, utilizando-se da sinestesia, a compositora estrutura, mais uma vez, uma imagem tão incomum quanto bela.

A lapidação das imagens delineadas por Calcanhoto é uma constante em sua obra. Em "Canção sem seu nome" (1996), a compositora mais uma vez insere a natureza na urbe e constrói um texto no qual tal realidade se repete. Analisemos alguns aspectos desta música:

> Eu vi você atravessar a rua
> Molhando a sombra na água
> Eu vi você parar a Lagoa parada
> Você atravessou a rua
> Na direção oposta
> Pisando nas poças, pisando na lua
> E a poesia refletida ali me deu as costas
> E pra que palavras
> Se eu não sei usá-las?

Nessa canção, a compositora imbrica os núcleos temáticos amor e natureza, atitude que remete a tradições já anteriormente cultivadas em nosso cancioneiro popular. A natureza insere-se, nesse caso, no meio urbano. Isso ocorre pelo fato de Adriana localizar seu texto dentro da paisagem do Rio de Janeiro, cidade na qual os elementos naturais, apesar de toda depredação estabelecida pela mão humana, convivem de modo relativamente frequente com os habitantes da cidade. Reflexo de tal realidade é a Lagoa Rodrigo de Freitas, mencionada mais uma vez pela compositora, que constitui o ambiente onde os indivíduos referendados pela compositora se movem. Belas são as imagens que fazem menção ao ser amado sendo refletido no espelho d'água da lagoa e as poças refletindo a lua. O cotidiano da cidade é, nesse momento, marcado pelo lirismo, compatível com a existência de elementos da natureza que emolduram um ser amado distanciadamente cantado pelo eu-lírico.

Esse núcleo temático ocupa, portanto, espaço reduzido na obra de Calcanhoto, o que parece ser compensado pela competência dos procedimentos estéticos usados pela compositora para abordá-lo. Ao observarmos os diferentes aspectos assumidos pela natureza nas diversas obras das compositoras brasileiras, podemos constatar que existem efetivamente fluxos geracionais que levam adiante pressupostos lançados por outrem. Além disso, é possível notarmos o estabelecimento de uma tradição que remete a aspectos nascidos e/ ou desenvolvidos no seio dessas obras. Expandindo-se para o todo da MPB, eles influenciaram o devir do sistema musical, o que demonstra a importância assumida por esse grupo de compositoras em nosso cancioneiro popular.

BANDIDO CORAZÓN

5

A questão amorosa constitui objeto de interesse de grande relevância na análise levada a cabo em nosso estudo. Isso ocorre em virtude de o amor constituir o núcleo temático que talvez mereça maior atenção dentro das obras das letristas aqui analisadas. É bem verdade que privilegiar a temática amorosa não constitui procedimento exclusivo das gerações de autoria feminina do cancioneiro popular brasileiro. Quantitativamente falando, porém, é considerável o número de composições de autoria feminina que transitam por essa temática, o que nos proporciona um vasto campo de fontes primárias a nos servirem como elementos de reflexão.

Nesse capítulo, dedicamo-nos justamente a analisar como Adriana Calcanhoto, Dolores Duran, Fátima Guedes, Joyce, Maysa e Rita Lee tratam, em seus respectivos textos, da problemática amorosa. Para isso, elegemos uma gama de textos que consideramos representativos das práticas levadas a cabo pelas artistas em suas respectivas produções.

Resta ainda determinarmos o manancial teórico que auxiliará nossa investigação dentro desse aspecto da autoria feminina na MPB. Ora, a temática amorosa constitui objeto contínuo de análise por parte de estudiosos de áreas diversas desde a Antiguidade, como podem ratificar os célebres textos produzidos por Platão (1991) e Ovídio (s. d.). Isso, logicamente se desejarmos limitar nosso campo de estudo à cultura ocidental, visto que o saber do Oriente logrou produzir o *Kama sutra*, milenar compêndio que trata do assunto. Em nossas reflexões, não trabalharemos exaustivamente todo o vasto manancial teórico que se ocupa, sob vários aspectos, da temática amorosa. Com efeito, interessa-nos pouco tecer considerações sociológicas ou econômicas, por exemplo, acerca do impacto que o desvario amoroso produz em nossa sociedade — importa--nos observar como o sentimento é tratado pelas compositoras em suas canções. Daí que, para levarmos a cabo nossa análise, optamos por apoiar as observações, em princípio, nos notáveis estudos produzidos por pensadores como Alberoni (1988), Barthes (1995) e Bataille (1987), além do clássico texto de Platão já citado anteriormente. Esse material teórico, cremos, adequa-se com perfeição ao objetivo traçado.

Por outro lado, dentro do núcleo temático que trata da questão amorosa, podemos encontrar uma série de subtemas que circulam neste campo. Eles são complementares entre si, como podemos comprovar observando o painel delineado no início do próximo item.

5.1. A temática amorosa — autoria feminina na MPB dos anos 50

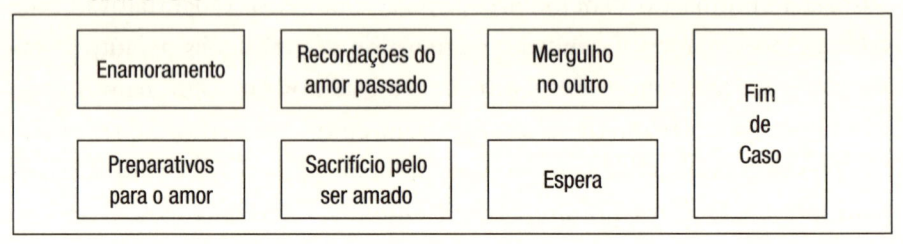

Enamoramento	Recordações do amor passado	Mergulho no outro	Fim de Caso
Preparativos para o amor	Sacrifício pelo ser amado	Espera	

Integrando os subtemas destacados no painel acima, podemos estruturar um movimento amoroso desde suas etapas iniciais até sua finalização. Portanto, apesar de eles ocorrerem separadamente, na maior parte das vezes, dentro de cada canção, se observarmos as obras em seu conjunto, concluiremos que há, efetivamente, elementos que os unificam e que têm a ver, não apenas com uma linearidade que pode ser estabelecida, mas com os procedimentos estruturados pelas letristas em questão.

Analisemos detalhadamente, a partir de agora, cada um dos itens postos em destaque, articulando-os tanto com nossas fontes primárias de investigação quanto com o pensamento teórico já produzido acerca de cada uma dessas etapas do desenvolvimento amoroso.

a. Enamoramento

Em um romance de sua autoria, o escritor Érico Veríssimo afirma que "o amor que ainda não se definiu é como uma melodia do desenho incerto. Deixa o coração a um tempo alegre e perturbado e tem o encanto fugidio e misterioso de uma música ao longe..." (1987, p. 35).

Alegria e perturbação, dois dos sentimentos postos em destaque por Veríssimo no fragmento acima, parecem ser predominantes na fase de instalação de um relacionamento amoroso. Segundo afirma Francesco Alberoni em seu famoso estudo acerca do enamoramento, "quando nos enamoramos, por muito tempo continuamos a dizer a nós mesmos que não o estamos" (Op. cit., p. 18). Entram em choque, nesse momento, as forças da razão e da emoção. Segundo os preceitos ditados pela primeira, talvez seja mais cômoda e plácida a continuidade de uma vida não assolada pelo poder da paixão, enquanto a segunda liberta forças assustadoras — Eros e violência — que tomam conta do sujeito nesse estado nascente de relacionamento, marcado pela ocorrência de dúvidas acerca da veracidade das emoções sentidas. Dolores Duran retrata tais questionamentos em "O que é que eu faço", canção da qual extraímos o trecho a seguir:

> Se não é amor
> Por que é que eu sinto esta vontade de chorar
> Se não é amor
> Por que é que eu sinto
> Esta saudade sem parar
> Se não é amor
> Por que só tu vens alegrar o meu viver
> Com velhas palavras
> Lindas palavras que só tu sabes dizer
> (DURAN, RIBAMAR, In: CAYMMI, 1994)

Esse samba-canção exprime toda a angústia de um sujeito que, no nível da consciência, se debate em dúvidas acerca dos sentimentos que se instalaram em seu interior. Entrementes, o eu-lírico parece efetivamente reconhecer, em um nível mais profundo de sua individualidade, que o enamoramento pelo outro já constitui etapa definitivamente concretizada.

De acordo com o que nos ensina Alberoni, o enamoramento constitui um estado nascente que é antecedido por "uma grande preparação em consequência de uma mutação" (Op. cit., p. 16). Em função disso, é possível haver, em casos diversos, um estado depressivo anterior à instalação do enamoramento. A partir do momento que a pulsão de vida — Eros — se instala no eu-enamorado, a depressão — Tânatos — tende a, pouco a pouco, se desvanecer, ainda que resistente. Isso é espelhado por uma possível demora do indivíduo em aceitar para si próprio o fato de estar enamorado. A passagem de Tânatos a Eros ou, se assim quisermos, de depressão a enamoramento, é tematizada por Maysa em "Mundo novo" (1993), canção da qual transcrevemos o seguinte excerto:

> Vamos prosseguir
> Já não é hora de parar
> Pois somente agora
> É que o amor está pra chegar
> Veio de tão longe
> Pra trazer tanta ternura
> Vem tomar lugar
> Da velha amiga amargura

A audição dessa música prova, mais uma vez, a importância adquirida pelo intérprete na manifestação que constitui a letra de música. Competente cantora que é, Maysa logra, durante o decorrer da canção, estabelecer nuances interpretativas que vão desde o amaciamento do tom de voz nos versos que mencionam o estado amoroso nascente até a utilização rascante de todo o seu potencial vocal ao mencionar a amargura pré-enamoramento. Sentimento que, de tão corriqueiro, já é caracterizado pelo eu lírico como "velha amiga", a citada amargura é, segundo a lógica poética estabelecida pela canção, substituída pelo amor. Ao estabelecer tal raciocínio, Maysa estava, na verdade, estruturando, em texto anterior ao de Alberoni, o que este pregaria posteriormente em seu ensaio teórico. O enamoramento é composto, portanto, segundo as compositoras pertencentes a essa geração, por sentimentos díspares como angústia e felicidade, mas o que predomina nessa etapa da relação amorosa é, sem dúvida alguma, o encantamento pelo ser que se anuncia vital para o futuro próximo do sujeito enunciador.

b. Preparativos para o amor

Que canção mais adequada para caracterizar este subtema do que "A noite do meu bem" (DURAN, In: CAYMMI, 1994)? Parece mesmo que ela se tornou um ícone de tal etapa do relacionamento amoroso em nosso cancioneiro popular.

O ritmo ditado por Dolores Duran em sua gravação original diz respeito aos sambas-canções típicos dos anos 50, se bem que, no caso de "A noite do meu bem", há uma sofisticação maior no arranjo elaborado — basicamente constituído por cordas —, que acaba por alcançar um sentido de meiguice relacionado com o conteúdo ditado pela letra da música. Dando continuidade à linearidade das etapas amorosas, podemos afirmar que, enamoramento estabelecido, o eu lírico dedica-se a estruturar o ambiente propício para a concretização do amor. A par de todos os elementos da natureza aí presentes, e já devidamente analisados no capítulo antecedente, a compositora estrutura imagens que denotam a plácida alegria capaz de unir os amantes que finalmente têm a possibilidade de concretizar o enamoramento. Entretanto, fica a dúvida suscitada pela última estrofe: a "noite do meu bem" terá alcançado efetiva concretização ou será que o desencanto causado pelas agruras da vida sem enamoramento marcou de tal forma o eu lírico que tornou impossível o seu real encontro com o ser amado? Compositora sensível, Dolores deixa para o ouvinte a tarefa de completar as reticências deixadas no final da canção.

c. Mergulho no outro

"Eu morria pra nascer em você" (1966) e "Deixe que eu te dê meus olhos para que tu chores" (1975) constituem versos pertencentes, respectivamente, às obras de Maysa e Dolores Duran. Eles retratam a experiência de fluxo amoroso que (con)funde eu lírico e ser amado. Esses sujeitos abrem mão da própria individualidade para criar uma *persona* diferente, unificada com a do outro. Esse fato constitui uma experiência singular na vivência dos amantes, já registrada por Platão em O *banquete*[14]. Através da fala de Aristófanes, o filósofo grego dá conta, nessa obra, da procura estabelecida pelos seres na busca do todo, miticamente existente na etapa andrógina de nossa evolução. A natureza humana é, portanto, caracterizada pela eterna busca de seu par amoroso complementar, fato que talvez explique as reiteradas abordagens que essa temática alcança nas manifestações artísticas das mais diversas épocas e culturas. No caso dos trechos anteriormente destacados, podemos observar que as compositoras retratam tal etapa da relação amorosa estruturando versos caracterizados pela excelência no trato com a palavra e com a melodia. Morrer para nascer no outro ou entregar os olhos para o amado enxergar constituem variações líricas da fala milenar de Platão. No caso do último verso, a fusão dos amados é levada às últimas consequências, visto que deixa de possuir um caráter eminentemente interiorizado, corriqueiramente abordado pelos artistas, para adquirir contornos físicos — recurso surpreendentemente belo.

d. Sacrifício pelo ser amado

O sujeito em estado de amor encontra-se dominado por forças que combatem a racionalidade dominante no cotidiano pré-enamoramento. Por isso mesmo, ele é capaz de cometer diversas formas de sacrifício aparentemente absurdas para aqueles que não estão vivenciando o encontro amoroso. Segundo Alberoni, passa-se do enamoramento ao amor estabelecendo uma série de provas — para si e para o outro —, que constituirão elementos vitais para a sobrevivência do relacionamento a dois. No entanto, em que pese o papel inovador que Dolores Duran e Maysa estabeleceram ao se inserir no meio musical, elas reproduziram em suas obras um imaginário sentimental que relaciona o feminino ao subjugado e o masculino ao subjugante. Nesse contexto, não foram além de Mário Lago e sua famosa Amélia, se bem que é absolutamente díspar o grau de sofisticação adquirido pelas compositoras em comparação aos boleros e marchinhas da época. Desse modo, na obra das compositoras, o sacrifício imposto ao indivíduo é estruturado de tal maneira que deixa entrever doses generosas de servilismo, o que tem a ver, evidentemente, com a posição submissa da mulher na sociedade brasileira dos anos 50.

Autopiedade, submissão, conformismo. Em consonância com essa realidade, ritmos lentos e interpretações soturnas. No sacrifício pelo sujeito amado, Dolores Duran e Maysa estabeleceram figuras que não só abrem mão de horizontes mais largos em função da manutenção do relacionamento amoroso, mas que também admitem se anular em benefício da vaidade do outro. Tal espécie de relação parece constituir o que Alberoni denomina de "enamoramento unilateral", fenômeno no qual um dos indivíduos efetivamente possui sincero sentimento para com o seu parceiro, mas não é correspondido. Daí resulta um jogo sadomasoquista, no qual o sujeito amante, no afã de conquistar o amado, exacerba o sacrifício e acaba por cair no servilismo. Enquanto isso, o outro, quanto mais exige, mais despreza aquele que por ele se sacrifica subservientemente. Observemos alguns trechos de canções que retratam essa realidade:

O que eu quero é ficar a teu lado E te amar sempre e sempre Sem nada pedir. (DURAN, 1975)	Quem sou eu pra querer que você Goste apenas de mim? Se mil vezes você me trair Perdoarei E palavras amargas e tristes Jamais lhe direi Sou assim, Ai de mim! Sou assim e não posso mudar Meu amor é mais forte que eu Quem sou eu pra lutar? (DURAN, 1975)
Eu hoje estou toda tua Já não gosto nem mesmo de mim. (MAYSA, s. d.)	
Eu daria uma vida inteirinha Pra não ver a tristeza infinita No lugar desse olhar tão bonito. (LYRA, DURAN, 1996)	

Esse servilismo é resultado de uma autoimagem negativa que o sujeito possui de si próprio. Alguém que indaga "quem sou eu pra lutar?" caracteriza-se por uma debilidade de caráter tão evidente que, a si próprio, parece impossível estabelecer qualquer espécie de modificação. Daí, só lhe resta um lamento sentimental tão profundo que retorna ao nível do enunciado através de interjeição utilizada corriqueiramente como caracterizadora de dor física — "Ai de mim!" — e o deslocamento de todo e qualquer afeto para elementos externos, preferencialmente outro ser. Essa realidade é denominada por Roland Barthes de "vassalagem amorosa", nomenclatura feliz para o movimento de dependência que se concretiza. É por ser vassalo — e não parceiro — do outro que o eu lírico não gosta mais de si e, por isso mesmo, afirma: "Eu hoje estou toda tua". A recíproca, entretanto, parece não ser verdadeira, e a traição está na iminência de, hiperbolicamente, ocorrer "mil vezes". Nesse caso específico, a ausência de ciúme não tem a ver com um desprendimento que caracterizaria segurança, mas com uma autoestima reduzida que sequer arrisca reivindicar respeito mútuo dentro do relacionamento a dois. Esse movimento não constitui um mergulho no outro, mas um sacrifício subjugante. Malgrado Alberoni ressaltar o sacrifício como uma das etapas importantes de passagem do enamoramento ao amor, no caso das obras de Dolores Duran e Maysa ele adquire contornos doentios de masoquismo e submissão. Nesse aspecto, as compositoras foram fiéis a sua realidade sociocultural.

e. Espera

Segundo Barthes, a espera constitui um jogo de poder estabelecido: aquele que espera se submete ao sujeito que se faz esperar. Entrando em consonância com a análise realizada no item anterior, nada mais natural que as compositoras dos anos 50 forjassem eus líricos femininos dispostos a passar etapas de tempo significativas em estado de espera pelo ser amado. Observemos como Dolores Duran estruturou essa questão em "Ternura antiga" (DURAN, In: CAYMMI, 1994), canção da qual retiramos o trecho que segue:

> Ai, tua distância tão amiga
> Esta ternura tão antiga
> E o desencanto de esperar...

> Sim, eu não te amo porque quero
> Ai, se eu pudesse esqueceria...
> Vivo
> E vivo só porque te espero
> Ai, esta amargura
> Esta agonia...

A interpretação que Dolores imprime à canção retrata a angústia expressa pelo conteúdo da letra. Repete-se no texto a questão, já anteriormente analisada, do uso da interjeição como retratadora da dor de amor que assola o eu-lírico. No pequeno trecho transcrito, a questão da espera constitui algo patente: por duas vezes, o verbo esperar repete-se em tempos diversos, a saber, no infinitivo (3º verso) e no presente do indicativo (7º verso).

A mulher posta em estado de espera constitui tradição artística secular, que remete às cantigas de amigo medievais. Entretanto, nesse tipo de produção, conquanto o eu lírico fosse feminino, a autoria dos textos constituía tarefa masculina. Interessa-nos, portanto, observar como, séculos após a instauração do discurso poético medieval, Dolores Duran e Maysa estruturaram, via letra de canção, o canto da espera feminina. Apesar de, na maior parte das vezes, elas terem estabelecido eus femininos que se notabilizaram pela passiva e angustiada espera, em alguns momentos de suas obras lograram subverter tal lógica, e daí resultam trechos que anteveem uma postura mais decidida da mulher. Essa realidade tem lugar, por exemplo, nos últimos versos de "Olhe o tempo passando" (Ibidem), nos quais o eu lírico afirma:

> Olhe o tempo passando
> Você me perdendo, com medo de amor
> Olhe, se eu fico sozinha
> Acabo cansando de tanto esperar.

Nesse instante, o ser submisso inicia um movimento de rebelião que pode resultar na libertação das amarras que o atam ao sujeito amado. É, ainda, o que Roland Barthes nos demonstra através da famosa parábola do mandarim, que não nos furtamos de transcrever a seguir:

Um mandarim estava apaixonado por uma cortesã. "Serei sua", disse ela, "quando tiver passado cem noites a me esperar sentado num banquinho, no meu jardim, embaixo da minha janela". Mas, na nonagésima nona noite, o mandarim se levantou, pôs o banquinho embaixo do braço e se foi. (Op. cit., p. 96)

f. Fim de caso

Esse subitem é relevante nas obras de Dolores Duran e Maysa, em função de sua constante aparição nas obras das compositoras. A primeira, a propósito, chega mesmo a possuir uma canção com tal título: "Fim de caso" (DURAN, op. cit., 1994) constitui exemplo privilegiado da situação que enuncia, como nos demonstra a passagem a seguir:

>Eu desconfio
>Que o nosso caso está na hora de acabar
>Há um adeus, em cada gesto, em cada olhar
>O que não temos é coragem de falar
>
>Nós já tivemos
>A nossa fase de carinho apaixonado
>De fazer versos, de viver sempre abraçados
>Naquela base do só vou se você for

A engenhosa construção melódica dessa música se adequa com perfeição à letra composta por Dolores. Os primeiros versos de cada uma das quatro estrofes apresentam-se sensivelmente mais curtos do que os demais, entrando assim em consonância com a estrutura harmônica elaborada. Esse samba-canção retrata o fenômeno do "desenamoramento" que atinge os amantes; para isso, constrói, em estrutura de *flashback*, uma letra que, na segunda estrofe, faz menção aos momentos de encanto e descobertas mútuas do casal. Os fatos passados em nada lembram a relação anêmica do momento presente. O relacionamento que não possui em seu cerne amor, ódio, irritação, carinho ou qualquer outro sentimento, está, segundo o eu lírico, "na hora de acabar". A respeito dessa etapa do relacionamento amoroso, Alberoni afirma que "o enamoramento, que é o advento do extraordinário, pode terminar na banalização" (Op. cit., p. 75).

Essa assertiva pode ser estendida para a etapa do relacionamento institucionalizado, assim como o trecho que se encontra abaixo: "Ele [o enamoramento] é, ao mesmo tempo, necessidade de fusão e de individuação: é uma procura do essencial para ambas as partes, mas os dois projetos individuais são diferentes, desencontram-se." (Ibidem) A conjunção adversativa presente no trecho acima nos anuncia o motivo do fim do relacionamento: projetos individuais diferentes levam a caminhos diferentes, e não é outra a realidade que Dolores desenvolve liricamente em sua canção. A iminência do encerramento da relação amorosa encontra-se de tal maneira desejada pelo sujeito que, neste caso, a dor de amor encontra-se minimizada. É o que nos demonstra Maysa em "Não vou querer" (1966):

> Não vou querer
> Nem mesmo tu
> Fazer da dor uma ilusão
> Não posso mais, nem mesmo tu
> Esconder a desilusão
> Não te enganei, nem me enganaste
> Aconteceu
> Já me amou, já te amei, tudo morreu.

O eu lírico encontra-se, nesse caso, exercendo o papel de porta-voz do desmoronamento da relação a dois. Ainda segundo Francesco Alberoni, "ocorre muitas vezes que os dois [amantes], espantados por terem desejado viver intensamente, deslizem rapidamente para o aborrecimento, o rancor e o desapontamento" (Op. cit., p. 76). Findo o fascínio que uniu os dois sujeitos, termina também o relacionamento amoroso. Há possibilidades de este se manter como instituição, porém não mais como movimento de mergulho no ser complementar.

g. Recordações do amor passado

"Recordação" é vocábulo originário do latim *recordatio, onis* e tem em seu interior alguns morfemas altamente reveladores de sua acepção. Assim, o prefixo *re*, que pode ter como significado "voltar" ou "tornar", nos revela que tal termo tem como objeto semântico destacado o passado, enquanto o radical *cord*, forma adulterada do semantema de origem grega *cardium*, nos desvenda que é o coração e, por extensão, os afetos e sentimentos que se encontram como objeto principal de interesse. A análise etimológica do vocábulo se completa ao notarmos a vogal de ligação *a* e o sufixo ção, que indica ação ou resultado de ação.

A partir desse estudo etimológico, parece-nos possível afirmar que recordação é o *ato de levar o coração para trás*. Portanto, aquele que pretende recordar fatos da vida passada pretende fazê-lo levando em conta o critério da emoção ativada. O radical *cord* já se liga a sentimentos ativados pelos sujeitos que recordam fatos. E, se esses fatos possuírem caráter amoroso, tal realidade se exacerba. É a partir deste ponto de vista que podemos observar o desregramento que toma conta do eu lírico ao levar o coração para o passado e cantar, num misto de angústia e desespero, o amor que já faz parte de uma realidade inexistente. Observemos como isso se concretiza em "Só ficou a saudade" (DURAN, 1975):

> O meu amor por você
> Que há tanto tempo nasceu
> Ao ver que foi desprezado
> Há pouco tempo morreu
> Só ficou, é bem verdade
> A saudade, já se vê
> Ficou somente a saudade
> Do meu amor por você

A saudade que toma conta do sujeito ao rever o ser amado é cantada sem constrangimento por um eu que não parece se importar com questões como orgulho ou amor próprio. Nesse contexto, as máscaras amorosas constituem elementos acessórios que já não têm mais razões para existir, o que, se por um lado, pode ser visto como positivo, por outro lado concretiza o fim da encenação amorosa e, portanto, do encanto do relacionamento a dois. Recordar o amor passado constitui, assim, um movimento psíquico de um sujeito em desespero que, não possuindo mais a visão corpórea daquele que ama, conforma-se em abstrair instantes e sentimentos que fizeram parte do amor extinto no presente.

5.2. A temática amorosa — autoria feminina na MPB dos anos 70

Georges Bataille, em seu famoso ensaio sobre o erotismo, afirma que todo ser humano carrega em si o que pelo autor é denominado de "descontinuidade". Assim, somos seres que buscamos eternamente preencher um vazio que sabemos possuir dentro de nós. Tal desejo constitui, na verdade, lembrança remota de um momento único no qual fomos realmente contínuos: o exato instante de nossa criação, quando da junção do espermatozóide e do óvulo que nos deram origem. A teoria de Bataille, aqui brevemente exposta, remete, sem dúvida, à questão da androginia, tratada séculos antes por Platão. Em seu texto, o filósofo grego, a partir do mito do andrógino, conclui que o ser humano é incompleto, visto que busca incessantemente, durante toda a existência, sua metade original. Esse, portanto, o grande drama do ser humano: viver em busca de uma metade perdida (na concepção platônica) ou de um momento único de continuidade (na concepção de Bataille).

Observando a composição abaixo, podemos notar a feliz leitura que Fátima Guedes teve para tal problemática. Em "Condenados" (1980), ela descreve o drama dos amantes que tentam voltar à completude original sem conseguirem atingi-la. Vejamos:

> Ah, meu amor... estamos condenados.
> Nós já podemos dizer que somos um.
> Nós somos um.
> E nessa fase do amor em que se é um
> É que perdemos a metade cada um.
>
> Ah, meu amor... estamos mais safados.
> Hoje tiramos mais proveito do prazer.
> E somos um
> Quando dormimos juntos sonhos separados
> Que nós não vamos confessar de modo algum.

O arranjo estruturado para dar corpo à canção deixa a letra da música em evidente primeiro plano, ainda que o clima *bluesy* da melodia e do arranjo reforcem sobremaneira a sua ironia. Na canção, os amantes vivem o dilema de efetivar a fusão do par amoroso em um só ser ou manter viva a sua própria individualidade. Se mantivermos uma postura idealizada, podemos acreditar que, na "fase do amor em que se é um", não deveriam mais existir metades, mas somente seres que "tiram mais proveito de prazer". Entretanto, a compositora opta por desmitificar essa utopia. Isso se torna bastante evidente a partir da segunda estrofe, em que é notável o fato de a junção dos seres não ter ocorrido de forma definitiva, como corrobora o verso "Quanto dormimos juntos sonhos separados". Não é possível também deixar de reforçar o fato de que a canção parece ironizar o amor romântico popularizado nos meios de comunicação de massa, através, por exemplo, de adjetivos como "safados". A existência do desejo de encontrar a metade original não é garantia da efetivação da completude. O cotidiano, repleto de pequenas mesquinharias, parece constituir um dos grandes entraves para a efetivação da completude dos amantes.

É frequente, nos textos das compositoras analisadas neste tópico, a menção — por vezes subliminar — a esse desejo de continuidade. No exemplo que se segue, isso tem lugar na citação a pares ou a elementos que se completam. Observemos a estrutura de "O Chinês e a bicicleta" (JOYCE, 1994):

> Como o chinês e a bicicleta
> Como Cartola e Dona Zica
> Como a paisagem e o cartão-postal
> Como Romeu e Julieta
> Catupiry com goiabada
> Como quem fica junto no final
> [...]
> Não como um quadro na moldura
> Mas como coisa que completa
> Como uma curva e uma reta
> Como o tesão e a ternura
> Como o chinês e a bicicleta

Esse "samba-zen" bossanovista de Joyce é dono de uma estrutura harmônica que tem a ver com os pares de elementos postos em destaque na letra. A partir da audição da música, fica evidente que a composição é engendrada habilmente a partir de versos nos quais podemos notar a frequência de elementos, postos em pares, que adquirem sentido de complementariedade. Estrutura semelhante é a utilizada por Rita Lee na canção "Xuxuzinho" (LEE, CARVALHO, 1987), na qual tal realidade é concretizada pelo viés humorístico:

> Eu Dalila, ele Sansão
> Josefina e Napoleão
> Eu Isolda, ele Tristão
> Maria Bonita e Lampião
> Eu a mina, ele o rei Salomão
> Eu Cosme, ele Damião

Assim como na composição de Joyce, podemos notar nessa letra a presença de pares — não necessariamente humanos — que se complementam. Novamente, as duplas enumeradas levam a artista a delinear uma estrutura harmônica simplificada. Ambas as compositoras estão a tratar, mesmo que subliminarmente, das questões propostas por Bataille e Platão, ou seja, a eterna procura realizada pelos indivíduos em busca de suas metades complementares. A corroborar tal afirmação, temos os pares citados pelas compositoras. Estes, supostamente, teriam encontrado sua metade original, retornando ao estado de completude andrógina. Há, nos dois textos, portanto, alguns desses casais que, "como coisa que completa", formaram um só ser:

MASCULINO	FEMININO
Cartola	Dona Zica
Lampião	Maria Bonita
Napoleão	Josefina
Romeu	Julieta
Tristão	Isolda

A atividade erótica, para a qual todos somos impulsionados, no afã de recobrarmos, mesmo que por alguns instantes, a complementaridade original, acaba se tornando elemento de preponderância intensa nas obras das compositoras analisadas neste livro. Isso se torna mais evidente no caso das compositoras dos anos 70. Além disso, a presença de um erotismo no qual a mulher é agente e o corpo masculino é objeto de admiração e desejo revela a existência de um elemento feminino que já passou pela experiência da explosão feminista, possui plena consciência das características de seu corpo e deseja agir, agora, ativamente no jogo amoroso. A presença do desejo nas canções produzidas pelas mulheres passaria a ser, no contexto da década de 70, uma realidade frequente. Observemos como Joyce concretizou essa nova realidade em sua obra, analisando a letra de "Muito prazer" (1981):

> Quando eu brincar
> De conversar
> Eu de você,
> Você sobre mim,
> Diga que é meu
> Diga que sim
> Que nunca foi tanto assim.
> [...]
> E quando for se despedir
> Diga que foi um grande prazer
> Que eu vou gostar
> E quando eu dormir
> Quero sonhar com você
> Muito prazer, muito prazer, muito prazer, muito prazer...

O prazer erótico, mencionado já no título da canção, é acompanhado, no sintagma, pelo advérbio de intensidade *muito*. A exacerbação do gozo propiciado pelo corpo do parceiro revela a realidade de uma mulher que se preocupa também com a sua satisfação. "Muito prazer", reitera quatro vezes o último verso da canção, reafirmando o alcance da satisfação atingida. Durante o decorrer da canção, Joyce lança mão de uma seleção vocabular e de uma organização sintática que nos encaminha de modo sutil e, por vezes, ambíguo, para o universo de prazer absoluto que deseja delinear: "você sobre mim" pode significar tanto "acerca de mim", quanto evidenciar a posição sexual mantida pelos dois amantes; "nunca foi tanto assim" relaciona-se ao já citado prazer incomensurável atingido pelos parceiros. Compondo canções como essa, Joyce acabou por se caracterizar como dona de uma obra na qual a abordagem do "erotismo da mulher, mais delicado" (JOYCE, In: SOUZA, 1983), dá-se de modo relativamente frequente. Isso entra em consonância com o todo da produção desta que talvez seja a compositora da MPB que mais objetive programaticamente, em sua produção, investigar os meandros da condição feminina.

A sutileza caracterizadora da obra de Joyce abriu caminho para um cantar mais aberto do desejo feminino. Rita Lee, desde suas composições mais antigas, possui inúmeros momentos nos quais torna explícito o quanto o corpo do parceiro desperta a libido feminina. Até então, a tradição ordenava justamente o oposto, ou seja, era a mulher o alvo da admiração de um eu masculino. Tal realidade pode ser comprovada se observarmos aleatoriamente os cantares cronologicamente anteriores aos produzidos nessa época. Coube às compositoras do decênio de 70 inverterem tal papel, o que resultou na delineação de figuras femininas que abordam diretamente o seu objeto de desejo. A partir desse momento, a mulher inverteu a tradicional expectativa da satisfação sexual dentro de uma sociedade de cunho patriarcal, na qual o elemento feminino, tido como passivo, aparece exclusivamente como doador de prazer a seu par. Nas canções produzidas a partir dos anos 70, constitui regra a presença de uma mulher que oferece e recebe prazer, tendo suas necessidades sexuais preenchidas por um homem que lhe faça chegar ao êxtase do ato amoroso. Eis alguns trechos diversos de canções de Rita Lee que corroboram essa afirmação:

> Menino, menino, menino
> Eu te levo no bico, te ponho dentro do meu ninho
> Eu te pego, te pico, te como à la passarinho! (LEE, CARVALHO, 1983)

> Eu avistei um garotão no mesmo elevador
> Olhou para mim e logo vi que ele era bom de amor
> Que graça!
> Que massa!
> Caí na teia!
> Eu só queria aquele gato na veia! (LEE, CARVALHO, 1983)

> Passo o dia inteiro imaginando meu bem,
> Na cama, no chuveiro, no trampo, sempre tão blasé
> É uma neurose,
> Uma overdose
> Sou dependente do amor! (LEE, CARVALHO, 1983)

> Lindo
> E eu me sinto enfeitiçada
> Correndo perigo
> Seu olhar é simplesmente
> Lindo (LEE, 1974)

> Meu bem, você me dá
> Água na boca
> Vestindo fantasias,
> Tirando a roupa
> Molhada de suor
> De tanto a gente se beijar
> De tanto imaginar loucuras (LEE, CARVALHO, 1979)

Dentro desse novo contexto, torna-se coerente a existência do "menino bonito". Título de canção, esse sintagma revela paradigmaticamente o canto às belezas físicas masculinas. O desejo libidinoso se exacerba e, a partir daí, constitui tarefa da mulher *comer* o seu homem com requintes gastronômicos/ sexuais, como bem indica um trecho de canção presente no quadro anterior. O canibalismo amoroso, instaurado em nossa produção poética por meio da pena de homens[1], passa a ser exercido a partir dos anos 70 também pelas mulheres, e a letra de música se torna via privilegiada para a divulgação dessa nova realidade.

A novidade que trazia esse cantar feminino foi um dos principais fatores para o alcance do sucesso popular provado, na época, pelas canções que enveredavam por esse filão. Com efeito, o público receptor desse tipo de produção era consideravelmente amplo, pois formado tanto por homens — surpreendidos com tanta ousadia — quanto por mulheres — identificadas com as letras das músicas. Inserindo versos picantes e escandalizadores para uma parcela conservadora da sociedade, as compositoras dos anos 70 — em especial, Rita Lee — fabricaram uma série de *hits*. Dentre esses, "Mania de você" (música da qual compilamos um trecho no quadro anterior) pode ser considerada a canção-síntese. É em "Pega rapaz" (LEE, CARVALHO, 1987), entretanto, que a determinação da mulher a concretizar seu prazer sexual se torna imperativa de modo patente.

---

[1] A esse respeito, ler o famoso texto de SANT'ANNA(1993).

Tal prerrogativa resulta em uma série de ordenamentos feitos ao parceiro amoroso a fim de levar às últimas consequências a concretização do gozo. Observemos uma passagem da canção:

> Pega rapaz
> Meu cabelo a la garçom
> Prova o gosto desse ton sur ton do
> Meu batom na sua boca
>
> Alô doçura
> Me puxa pela cintura
> Tem tudo a ver o meu pinguim
> Com a tua geladeira
>
> Nós dois afim
> De cruzar a fronteira
> Numa cama voadora fazedora de amor
>
> De frente, de trás
> Eu te amo cada vez mais, mais, mais...

Um detalhe que confere charme todo especial a esta canção é, sem dúvida, a inserção do acordeom tocado à maneira das velhas canções francesas. Na letra da música, os diversos verbos conjugados no modo imperativo ("pega", "puxa", "prova") explicitam o sentido de ordem contido nas falas que o eu feminino emite em direção ao ser amado. A postura de mando que a mulher assume dentro do jogo amoroso desconstrói padrões seculares estabelecidos, a partir do momento em que ela funciona como o elemento do par que comanda o ato e preocupa-se com a concretização do prazer próprio. Elementos como desejo e ousadia, libertação e ternura, humor e atrevimento convivem harmonicamente nessa canção, que também não se furta a revelar as posições sexuais praticadas pelos dois parceiros.

Ao lado da explicitação do desejo feminino, a grande contribuição que as compositoras dos anos 70 trouxeram ao tratamento oferecido à temática amorosa foi o fato de conjugarem a reflexão das mazelas sociais ao lirismo sentimental. Houve, assim, um interesse em promover o retrato da concretização das experiências amorosas dentro de um contexto carente de benefícios de cunho social.

Levando-se em conta que o amor é um sentimento vivenciado de maneiras diversificadas pelos indivíduos, notamos que os traços que designam sua realização podem ter, entre várias outras origens, as situações que marcam o cotidiano da parcela da população de baixo poder aquisitivo. Contextualizar socioeconomicamente a experiência amorosa é admitir a veracidade dessa hipótese. Entretanto, rara ainda é a eleição de mulheres como foco de observação da existência vivida pelos seres que se debatem frente às agruras econômicas. À exceção de Chico Buarque e alguns outros artistas, poucos foram aqueles que se interessaram em investigar de perto tal problemática. A então novata compositora Fátima Guedes, contudo, o realizaria, demonstrando hábil manejo no trato dado à harmonia e à letra de suas composições. É, assim, que seus dois primeiros álbuns, lançados entre os anos de 1979 e 1980, concentram traços unificadores que dizem respeito à preocupação em tratar das relações amorosas inseridas em uma realidade marcada pela pobreza. Observemos como isso foi estruturado na canção intitulada "Trastes" (GUEDES, 1980):

> Ele já chega morto
> De corpo
> De alma
> Ausente.
> Esquece em algum bolso
> Um beijo
> Que me alimente.
>
> Ele se acha um traste
> E embora não reclame
> Do seu ordenado
> Não diz quanto ganha,
> Fica envergonhado.
> Eu sei pelo tão pouco
> Que ele dá pra mim.

> Janta do que tiver
> E vai
> Dormir
> Com fome
> Eu sou uma mulher
> Amiga
> De meu homem.

A tristeza, sentimento patente no conteúdo dessa letra, encontra-se traduzida para o ouvinte através do ritmo lento e da interpretação melancólica que imprime Fátima à canção. Nela, a compositora elabora um texto no qual retrata de que modo a exploração levada a cabo pelo sistema de produção capitalista afeta o relacionamento amoroso de um casal proletário. A angústia, o sentimento de fracasso, a vergonha e a insatisfação, elementos advindos diretamente do pouco dinheiro necessário para a subsistência, encontram-se aqui evidenciados. Destaca-se ainda em "Trastes" a seleção vocabular que, vagando entre o simplório e o comedido, adequa-se à voz feminina advinda das classes populares. Desse modo, o ponto de observação a partir do qual são lançadas as inferências da compositora é elaborado através da máscara feminina da personagem do texto, procedimento que se tornaria regra nas composições de Fátima Guedes.

Da mesma maneira, é o elemento monetário a mola propulsora que move os acontecimentos relatados na canção "Dancing Cassino" (Ibidem). Música-irmã de "A História de Lily Braun", de Chico Buarque e Ruy Guerra (1993), constitui outra obra na qual Fátima Guedes elabora admiravelmente a figura de uma mulher premida por dificuldades financeiras. Observemos:

> Eu cumpro um destino.
> Ele me tirou do Dancing Cassino,
> Rasgou meu cartão, me puxou pelo braço
> E era a paixão dele contra o meu cansaço
>
> [...]
> Eu não me acostumo.

Ele chega às sete e às nove eu me arrumo.
Quando ele me vê limpa, desaparece
O medo de que eu já o tenha enganado.
Respira por mim, me despe afobado,

Ele se escorrega de mim saciado
E eu sinto uma angústia, um pavor dobrado
Quando ele me toca uma segunda vez.
Talvez ele tenha sido um mau freguês.
Talvez eu não valha uma briga num dancing.

O clima de *dancing* é reafirmado nesta obra pela inclusão, como música incidental, da canção do filme "Laura", famoso filme dos anos 50 que tem elementos comuns com o clima imprimido pela letra. Com relação ao texto em si, podemos dizer que nele se conjugam dependência financeira e repressão à mulher. Assim, o elemento feminino não vive, mas "cumpre um destino", a cuja sorte foi lançada quando a paixão do homem trouxe o alívio "de não precisar dormir durante o dia". Entretanto, a vida pequeno-burguesa oferecida pelo parceiro não satisfaz a mulher que, em troca da caridade, é utilizada como mero objeto sexual, sem que suas necessidades próprias sejam supridas. Tanto esta canção quanto a anteriormente citada retratam uma situação inversa àquela descrita anteriormente, que dizia respeito à efetiva liberação dos desejos da mulher e à satisfação sexual por esta atingida. Se nos permitirmos unir as diversas composições analisadas neste tópico, uma leitura possível dessa situação diz respeito à maior facilidade com que as mulheres pertencentes às classes média e alta tiveram em lidar no jogo amoroso marcado pelos ventos feministas — o que não é de espantar, visto que possuíam acesso livre a um manancial de informações referente às conquistas alcançadas pelas mulheres no campo internacional. Já as mulheres das classes populares, além de estarem alijadas intelectualmente desse processo, ainda tinham contra si o fato de ter, a se imiscuir no relacionamento amoroso, as dificuldades financeiras prementes do cotidiano. Estas seriam decisivas para a posição submissa mantida e, saindo do circuito meramente monetário, amplia-se também para o campo sentimental.

5.3. A temática amorosa — autoria feminina na MPB dos anos 90

Como já é sabido, este livro concentra a análise da produção musical de autoria feminina nos anos 90 na obra de Adriana Calcanhoto. A compositora gaúcha, no que tange ao tratamento oferecido à temática amorosa, concretiza tendências diversificadas que, a bem da verdade, podem ser consideradas sincréticas, o que resulta em uma produção na qual a artista passeia por polos diferenciados com relação à posição da mulher perante o seu relacionamento amoroso. Encontram-se presentes, em suas canções, alguns momentos nos quais se resgatam atitudes mantidas pelas compositoras dos anos 50 (a saber, a unificação dos sintagmas relacionamento amoroso/ submissão feminina) e outros nos quais as atitudes primordialmente defendidas pelas compositoras dos anos 70 predominam (ou seja, a unificação dos sintagmas relacionamento amoroso/ satisfação feminina). É o que acontece em "Mentiras"(CALCANHOTO), *hit* radiofônico do ano de 1992. Observemos um trecho da letra dessa canção:

> Nada ficou no lugar
> Eu quero quebrar essas xícaras
> Eu vou enganar o diabo
> Eu quero acordar sua família
> Eu vou escrever no seu muro
> E violentar o seu gosto
> Eu quero roubar no seu jogo
> Eu já arranhei os seus discos
>
> Que é pra ver se você volta
> Que é pra ver se você vem
> Que é pra ver se você olha pra mim

Observemos as atitudes absolutamente díspares que marcam o eu lírico nessas duas estrofes: enquanto, na primeira, ele mantém uma atitude marcada pela determinação e agressividade, há, na segunda, uma espécie de "rendição" ao parceiro, demonstrada pelos desejos de volta e de atenção do outro. É bem verdade que, já na primeira estrofe, com exceção do último verso, todas as atitudes demonstradas pelo eu lírico mantêm-se no campo da possibilidade, visto que são enunciadas linguisticamente a partir do verbo querer ou de verbos conjugados no futuro do presente composto. Fica aí a dúvida: tais atitudes serão efetivamente concretizadas ou não passam de um desejo catarticamente exposto pelo eu lírico ao seu parceiro amoroso, através das ameaças executadas?

O mesmo paradoxo de atitudes revelado acima pode ser observado caso analisemos o trecho a seguir:

> Ah, o meu orgulho já perdeu teu endereço
> Mas o meu coração não
> Eu não
> Eu não esqueço. (CALCANHOTO, 1990)

O eu lírico que se encontra dividido entre a entrega amorosa e o orgulho próprio é o delineado pela compositora no trecho selecionado. Encontram-se presentes nessa letra elementos sincréticos, identificados tanto com o universo delineado por Dolores Duran e Maysa, nos anos cinquenta, quanto com a valorização de uma postura mais decidida da mulher, característica dos anos setenta. Esse dilema parece retratar muito bem os questionamentos que assolaram grande parcela das mulheres nos anos 90 e que têm a ver com a satisfação de uma liberdade de costumes alcançada que contrasta com a nostalgia de tempos nos quais não ocorriam fenômenos desgastantes como, por exemplo, a dupla jornada de trabalho.

Platão e Roland Barthes continuam sendo pensadores vitais para o perfeito entendimento da temática amorosa desenvolvida por nossas compositoras. A questão da espera, tão brilhantemente estruturada ensaisticamente por Barthes nos *Fragmentos de um discurso amoroso*, é desenvolvida liricamente por Calcanhoto na canção "Segundos" (1992). Observemos:

> Meu coração e meus passos
> Andam em círculos atrás do seu rastro
> Meus pés e meu peito
> E no meu pulso direito
> Bate o seu atraso
> Será que você vem, meu bem?
> Será que você não vem?

"Tumulto de angústia pela espera do ser amado, no decorrer de mínimos atrasos" (Op. cit., p. 94) — é assim que Barthes conceitua a questão da espera em seu estudo. Já que se fazer esperar é um exercício de poder, aquele que espera submete-se ao jugo do "encantamento da espera" (Ibidem, p. 95). A espera tem suas regras, e a angústia que assola o eu lírico na canção citada constitui o principal sentimento vinculado a esta situação. O atraso que bate no pulso é como o coração daquele que espera a presença do ser amado. Este, aliás, se transfigura e passa a assumir uma aura próxima a dos deuses — "o ser que espero não é real" (Ibidem).

Será o objeto da espera a metade original do andrógino mutilado? Se levarmos em conta que a metade completa o outro e não a ele se sobrepõe, podemos concluir que não. O jugo da espera não entra em consonância com a complementaridade característica das metades que se fundem. É justamente acerca dessa metade (ou da perda dela) que Calcanhoto produziu um de seus maiores sucessos, sintomaticamente intitulado "Metade" (1994). Na referida letra, o ser que está ao meio extravasa, através de atitudes reveladoras, a angústia que toma conta de si a partir do momento em que se descolou do parceiro amoroso. Reduplica, assim, o desespero mítico que tomou conta dos andróginos mutilados por Apolo a mando de Zeus, como nos mostra a fala de Aristóteles em *O Banquete*: "Desde que a nossa natureza se mutilou em duas, ansiava cada um por sua própria metade e a ela se unia, e envolvendo-se um ao outro, no ardor de se confundirem, morriam de fome e de inércia em geral, por nada quererem fazer longe um do outro." (Op. cit., p. 23)

É ainda o sentimento de desespero que toma conta do eu lírico na canção anteriormente transcrita. Motivado pela separação da metade complementar do indivíduo, esse sentimento, assim como o mergulho amoroso no parceiro, é reincidente nas produções musicais da maior parte das obras das compositoras estudadas neste livro. Constituem alguns dentre os vários pontos unificadores que atam a produção musical das artistas aqui estudadas, o que demonstra a existência de uma trajetória por elas trilhada. Oferecendo tratamentos diferentes a núcleos temáticos comuns, as compositoras acabaram por constituir a tradição da autoria feminina no cancioneiro popular do Brasil.

6
CONCLUSÃO

A partir da análise realizada neste livro, algumas conclusões tornam-se patentes. A primeira delas diz respeito à especificidade da letra de canção que, embora mantenha pontos de contato com a poesia tradicional, não pode ser confundida com esta.

Outro ponto a ser destacado é que existem, efetivamente, gerações de compositoras no universo da música popular brasileira. Vale ainda ressaltarmos mais uma vez que constitui inverdade a afirmação corrente que sinaliza a existência de um vácuo entre a produção da pioneira Chiquinha Gonzaga e o aparecimento de novas compositoras nos anos 50: existiram compositoras atuantes no panorama musical brasileiro dos anos 40.

As gerações de compositoras são recorrentes na abordagem de alguns núcleos temáticos, dentre os quais se destacam a natureza e o amor, devidamente estudados em nosso trabalho. Esses núcleos foram abordados por cada geração de compositoras de maneira específica, que tem a ver com o contexto socioeconômico-cultural contemporâneo às artistas. Dentro da mesma geração, há procedimentos que unificam as compositoras. Porém, é evidente que cada uma delas mantém caracteres próprios que singularizam a obra particular dentro do todo da geração.

Em virtude da excelência das composições por nós analisadas enquanto fontes primárias de investigação, parece-nos lógico incluir tal universo entre a *fina flor* da música popular brasileira. O senso comum, quando vincula esta expressão ao universo do cancioneiro popular, tem como norma promover a citação de nomes de autores masculinos. Daí, surge a pergunta inevitável: por que são negligenciadas as compositoras que ajudaram a estruturar a música popular brasileira tal qual ela se constitui nos dias de hoje? A resposta, que não pode ser resumida em uma única causa, tem muito a ver com o preconceito patriarcal do qual foram (são) vítimas as compositoras. Consagrar constitui, entre outras coisas, reconhecer o espaço ocupado, e parece ser ainda difícil que se rendam os devidos créditos às nossas artistas. Nesse contexto, Rita Lee constitui uma das exceções, em vista das diversas honrarias que recebeu do meio. Afora Maysa e Dolores Duran, ela parece despontar como o nome a escapar do limbo da secundariedade destinado a diversas das outras compositoras mencionadas ou efetivamente estudadas nesse livro. Foi por serem consideradas secundárias e, por extensão de sentido, medianas (medíocres?) que Dora Lopes e Bidu Reis não encontraram espaço para serem mencionadas, na posteridade, como participantes da *fina flor* da música de sua época. É por serem consideradas secundárias que compositoras como Fátima Guedes e Joyce possuem, nos dias de hoje, espaço exíguo dentro de uma mídia que prefere investir no filão populesco das modas musicais descartáveis e de gosto duvidoso.

O cânone se impõe porque seleciona: determina aqueles(as) que fazem parte e aqueles(as) que não fazem parte da *fina flor*. Relaciona, limita e, por conseguinte, exclui. Dentro da lista elaborada pelo cânone de nosso cancioneiro popular, não existe um espaço mais generoso para a autoria feminina. Isso resulta em uma dupla exclusão: a primeira, que diz respeito à via pela qual a palavra poética é manifestada, toma lugar na medida em que o beletrismo ainda rejeita a letra de canção enquanto manifestação artística válida; a segunda, que diz respeito ao gênero e à condição de vida da mulher, é estruturada em função das razões já por nós apontadas anteriormente.

Lançar luz sobre essa produção constitui somente o primeiro passo para o reconhecimento da existência de um significativo universo poético que, embora presente no cotidiano dos indivíduos, ainda conhece grandes dificuldades em ser legitimado pelas vias canônicas. Esperamos que este livro estimule, de alguma maneira, o interesse pelo assunto abordado, resultando na multiplicação de mais estudos sobre a referida temática.

DISCOGRAFIA CONSULTADA

ABREU, Felipe et al. *Eles cantam Rita Lee*. Rio de Janeiro: GPA CD laser 00022, 1996.

BORBA, Emilinha. *Emilinha Borba* (série Ídolos do rádio). Rio de Janeiro: Collector's LP 599404162, 1988.

CALCANHOTO, Adriana. *A fábrica do poema*. Rio de Janeiro: Epic/Sony, 1994.

_____. *Enguiço*. Rio de Janeiro: Columbia CD laser 8500982, 1990.

_____. *Senhas*. Rio de Janeiro: Columbia CD laser 8501612, 1992.

CAYMMI, Nana. *A noite do meu bem*. São Paulo: EMI-Odeon CD laser 3648307762, 1994.

COSTA, Sueli. *Louça fina*. São Bernardo do Campo: EMI-Odeon LP 064422854, 1979.

_____. *Sueli Costa*. São Bernardo do Campo: EMI-Odeon LP EMCB 7009, 1975.

DUNCAN, Zélia. *Intimidade*. Rio de Janeiro: WEA CD laser 0630158362, 1996.

_____. *Zélia Duncan*. Rio de Janeiro: WEA CD laser M9955702, 1994.

DURAN, Dolores. *A música de Dolores*. São Bernardo do Campo: Copacabana LP 90693, 1975.

_____. *Dolores Duran*. São Bernardo do Campo: Copacabana LP 12411, 1979.

_____. *Dolores Duran* (série *Colagem*). São Bernardo do Campo: Copacabana LP 90002, s.d.

_____. *Dolores Duran canta pra você dançar*. Rio de Janeiro: Copacabana LP 11011-B, s.d.

EGG, Stelinha; MELLO, Dilú. *Lá na serra*. Curitiba: Revivendo LP LB045, 1989.

FRANÇA, Cátia de. *Estilhaços*. Rio de Janeiro: Epic LP 144412, 1980.

_____. *Vinte palavras ao redor do sol*. Rio de Janeiro: Epic LP 144355, 1979.

GONZAGA, Chiquinha; NAZARETH, Ernesto. *Ernesto Nazareth e Chiquinha Gonzaga*. São Paulo: Abril LP HMPB20A, 1977.

GUEDES, Fátima. *Coração de louca*. Rio de janeiro: Velas LP 8413321, 1989.

_____. *Fátima Guedes*. São Bernardo do Campo: EMI-Odeon LP 064422842, 1979.

_____. *Fátima Guedes*. São Bernardo do Campo: EMI-Odeon LP 064622864, 1980.

_____. *Sétima arte*. Rio de Janeiro: Philips LP 8248491, 1985.

_____. *Grande tempo*. Rio de Janeiro: Velas CD laser 14VO21, 1995.

_____. *Lápis de cor*. São Bernardo do Campo: EMI-Odeon LP 064422889, 1981.

_____. *Muito prazer*. Rio de Janeiro: Philips LP 81287312, 1983.

_____. *Prá bom entendedor*. Rio de Janeiro: Velas, CD laser 11VO17, 1994.

HIME, Olívia. *Estrela da vida inteira*. Rio de Janeiro: Leblon, CD laser LB028, 1994.

JOYCE. *Água e luz*. São Bernardo do Campo: EMI-Odeon LP 064422886, 1981.

_____. *Feminina*. São Bernardo do Campo: EMI-Odeon LP 064422862, 1980.

_____. *Ilha Brasil*. São Paulo: EMI-Odeon CD laser 8382152, 1996.

_____. *Joyce ao vivo*. Rio de Janeiro: EMI-Odeon LP 0647932271, 1989.

_____. *Joyce live at the Mojo club*. Hamburg: Verve CD laser 5270383, 1995.

_____. *Language and love*. New York: Verve/Forecast 8491952, 1991.

_____. *Music inside*. Rio de Janeiro: Polygram LP 8430121, 1990.

_____. *Revendo amigos*. Rio de Janeiro: EMI-Odeon CD laser 3648289872, 1994.

_____. *Saudades do futuro*. São Paulo: Pointer LP 2030020, 1985.

JOYCE, PERANZZETTA, Gilson. *Jobim — os anos 60*. Rio de Janeiro: CBS LP 106002, 1987.

KID ABELHA. *Meio desligado*. Rio de Janeiro: WEA CD laser M9977662, 1994.

_____. *Meu mundo gira em torno de você*. Rio de Janeiro: WEA CD laser M0630134752, 1996.

LEE, Rita. *A marca da zorra*. Rio de Janeiro: Somlivre CD laser 20702, 1995.

_____. *Babilônia*. São Paulo: Somlivre LP 4036149, 1978.

_____. *Build up*. Rio de Janeiro: Polydor LP 44055, 1970.

_____. *Hoje é o primeiro dia do resto da sua vida*. Rio de Janeiro: Polydor LP 2451017, 1972.

_____. *Rita Lee*. São Paulo: Somlivre LP 4036193, 1979.

_____. *Rita Lee*. São Paulo: Somlivre LP 4036217, 1980.

_____. *Rita Lee*. São Paulo: Somlivre CD laser 4001215, 1993.

_____. *Rita Lee em Bossa'n Roll*. São Paulo: Somlivre CD laser 4000021, 1991.

LEE, Rita; CARVALHO, Roberto de. *Bombom*. São Paulo: Somlivre LP 4036296, 1983.

_____. *Flerte fatal*. Rio de Janeiro: EMI-Odeon LP 064422971, 1987.

_____. *Rita e Roberto*. São Paulo: Somlivre LP 4036331, 1985.

_____. *Rita Lee e Roberto de Carvalho*. São Paulo: Somlivre LP 4036266, 1982.

_____. *Rita Lee e Roberto de Carvalho*. Rio de Janeiro: EMI-Odeon LP 7955931, 1990.

_____. *Saúde*. São Paulo: Somlivre LP 4036243, 1981.

_____. *Zona zen*. Rio de Janeiro: EMI-Odeon LP 0667917201, 1988.

LEE, Rita; GIL, Gilberto. *Refestança*. São Paulo: Somlivre LP 4036137, 1977.

LEE, Rita; TUTTI-FRUTI. *Arrombou a festa*. São Paulo: Somlivre compact disc 4016094, 1976.

_____. *Atrás do porto tem uma cidade*. Rio de Janeiro: Philips LP 6349111, 1980.

_____. *Entradas e bandeiras*. Rio de Janeiro: Somlivre LP 0687984011, 1991.

_____. *Fruto proibido*. Rio de Janeiro: EMI-Odeon LP 0687984021, 1991.

LOBO, Edu; BUARQUE, Chico. *O grande circo místico*. Rio de Janeiro: Velas CD laser 11-V005, 1993.

LOPES, Dora. *Enciclopédia da gíria*. Recife: Mocambo LP 40034, s.d.

_____. *Esta é minha filosofia*. Rio de Janeiro: Tapecar LP SS016, s.d.

_____. *Testamento*. São Paulo: RGE LP 3030025, 1974.

LYRA, Carlos; DURAN, Dolores et al. *Tempos de Bossa Nova* (vol. 4). Rio de Janeiro/São Paulo: Videolar CD laser VE 0008, 1996.

MAYSA. *Ando só numa multidão de amores*. Rio de Janeiro: Philips LP 765116L, 1970.

_____. *Bom é querer bem*. São Paulo: RGE LP 3073333, 1978.

_____. *Canecão apresenta Maysa*. São Bernardo do Campo: Copacabana LP 11582, 1969.

_____. *Convite para ouvir Maysa n°3*. São Paulo: RGE LP XRLP 5027, s.d.

_____. *Convite para ouvir Maysa n°4*. São Paulo: RGE XRLP 5045, s.d.

_____. *Maysa*. São Paulo: RGE LP BBL1363, 1966.

_____. *Maysa*. São Bernardo do Campo: Copacabana LP 40786, 1969.

_____. *Maysa* (série *No tempo da Bossa Nova*). São Paulo: Polygram CD laser 5269572, 1995.

_____. *O último disco*. São Paulo: EMI-Odeon CD laser 8378222, 1996.

_____. *Os grandes sucessos de Maysa*. São Paulo: RGE LP XRLP 5042, s.d.

_____. *Para sempre Maysa*. São Paulo: RGE LP 39850056, 1977.

_____. *Voltei*. São Paulo: RGE LP XRLP 5078, s.d.

MUTANTES. *A divina comédia ou ando meio desligado*. Rio de Janeiro: Polydor 42042, 1970.

———. *Jardim elétrico*. Rio de Janeiro: Polydor CD laser 8258872, 1994.

———. *Mutantes*. Rio de Janeiro: Polydor LP 44026, 1969.

———. *Mutantes e seus cometas no país do Baurets*. Rio de Janeiro: Polygram LP 81341618, 1985.

———. *Os Mutantes*. Rio de Janeiro: Polydor CD laser 8294982, 1992.

NASCIMENTO, Milton. *Clube da esquina*. São Paulo: EMI-Odeon CD laser 8304292, 1995.

———. *Clube da esquina 2*. São Paulo: EMI-Odeon CD laser 7916072, 1995.

OZZETTI, Ná. *LoveLeeRita*. São Paulo: Eldorado CD lasar 946043, 1996.

QUANTAL, Dulce. *Voz azul*. Rio de Janeiro: EMI-Odeon LP 064422977, 1987.

REGINA, Elis. *Saudade do Brasil* (vol. 2). São Paulo: WEA LP 6704071, 1988.

RO RO, Ângela. *Ângela Ro Ro*. Rio de Janeiro: Polydor LP 2451140, 1979.

SABINO, Verônica. *Vênus*. Rio de Janeiro: MP, B/WEA CD laser M0660124692, 1995.

TURNBULL, Lúcia. *Aroma*. Rio de Janeiro: EMI-Odeon, LP 064422875, 1980.

VELLOSO, Belô. *Belô Velloso*. Rio de Janeiro: Velas, CD laser 11V163, 1996.

BIBLIOGRAFIA GERAL

ABREU, Gilberto de. Clubes londrinos veneram Joyce. *O Globo*. Rio de Janeiro, 19 set. 1994. Segundo Caderno.

ALBERONI, Francesco. *Enamoramento e amor*. Rio de Janeiro: Rocco, 1981.

_____. *O erotismo*. Rio de Janeiro: Rocco, 1988.

ALENCAR, Edigar de. *O carnaval carioca através da música*. Brasília: INL, 1979.

BAHIANA, Ana Maria et al. *Nada será como antes — MPB nos anos setenta*. Rio de Janeiro: Civilização Brasileira, 1980.

BARROS, André Luiz. Homenagem ao poeta. *Jornal do Brasil*. Rio de janeiro, 1 out. 1994. Caderno B.

BARTHES, Roland. *A câmara clara*. Rio de Janeiro: Nova Fronteira, 1993.

_____. *Fragmentos de um discurso amoroso*. 13. ed., Rio de Janeiro: Francisco Alves, 1995.

BASTOS, Ronaldo. Joyce. *Quintas musicais*, Rio de Janeiro, 27 out. 1994.

BORGES, Márcio. *Os sonhos não envelhecem — histórias do Clube da Esquina*. São Paulo: Geração, 1996.

BOSI, Alfredo. *História concisa da literatura brasileira*. 3. ed. São Paulo: Cultrix, s.d.

CALCANHOTO, Adriana. A mutante bacana. *Jornal do Brasil*. Rio de Janeiro: 1 set. 1996. Caderno Mulher.

CALLADO, Carlos. *A divina comédia dos Mutantes*. Rio de Janeiro: 34 Literatura, 1995.

CAMPOS, Augusto de. *Balanço da bossa e outras bossas*. 5. ed. São Paulo: Perspectiva, 1993.

CÂNDIDO, Antônio. *Formação da literatura brasileira — momentos decisivos*. 7. ed., Belo Horizonte: Itatiaia, 1993.

CÂNDIDO, Antônio; CASTELLO, J. Aderaldo. *Presença da literatura Brasileira* (3 vols.). 8. ed., Rio de Janeiro: DIFEL, 1977.

CARDOSO, Sílvio Túlio. *Dicionário biográfico de música popular*. Rio de Janeiro: Ouvidor, 1965. 351 p.

CASTRO, Ruy. *Chega de saudade*. 2 ed. São Paulo: Companhia das Letras, 1995.

CHACON, Paulo. *O que é rock*. 2. ed. São Paulo: Brasiliense, 1983.

CHEDIAK, Almir. *Songbook de Rita Lee* (2 vols.). Rio de Janeiro: Lumiar, 1990.

CHEVALIER, Jean; GHEERBRANT, Alain. *Dicionário de símbolos*. 2. ed. Rio de Janeiro: José Olympio, 1989.

CÔRTES, Celina. A Herança da Geração 60. *Jornal do Brasil*. Rio de Janeiro, 1 ago. 1995. Caderno B.

COSTA, Albertina de Oliveira; BRUSCHINI, Cristina (org.). *Uma questão de gênero*. Rio de Janeiro: Rosa dos Tempos, 1992.

COUTINHO, Afrânio. *A literatura no Brasil* (vol.3). 3. ed., Rio de Janeiro: José Olympio/ Niterói, EDUFF, 1986.

Couvert artístico. Rio de Janeiro: Rádio Jornal do Brasil FM, set. 1996.

DAPIEVE, Arthur. *BRock — o rock brasileiro dos anos 80*. Rio de Janeiro: 34 Literatura, 1995.

DIDIER, Carlos; MÁXIMO, João. *Noel Rosa — uma biografia*. Brasília: UnB, 1990.

DINIZ, Edinha. Chiquinha Gonzaga, a Grande Dama da Música Brasileira. In: *Chiquinha Gonzaga — uma homenagem*. Rio de Janeiro: Centro Cultural Banco do Brasil, 1995.

_____. *Chiquinha Gonzaga — uma história de vida*. Rio de Janeiro: Rosa dos Tempos, 1984.

EXPILLY, Charles. *Mulheres e costumes do Brasil*. São Paulo: Companhia Editora Nacional, 1977.

FAVARETTO, Celso. *Tropicália: alegoria, alegria*. São Paulo: Kairós, 1979.

FERNANDES, Francisco. *Dicionário brasileiro da Língua Portuguesa*. São Paulo: Globo, 1993.

FERREIRA, Mauro. Adriana Calcanhoto canta ao acaso para abrir ciclo. *O Globo*, Rio de Janeiro, 31 jul. 1996. Segundo Caderno.

_____. CD duplo recupera geniais gravações de Dolores Duran. *O Globo*, Rio de Janeiro, 2 jul. 1996. Segundo Caderno.

_____. Como traduzir a MPB para o inglês. *O Globo*, Rio de Janeiro, 16 set. 1995. Segundo Caderno.

_____. Em boa forma. *O Globo*, Rio de janeiro, 9 jan. 1996. Segundo Caderno.

_____. Fátima Guedes se revela no palco como intérprete. *O Globo*, 13 abr. 1996. Segundo Caderno.

_____. Jazz Joyce. *O Globo*, Rio de Janeiro, 3 out. 1995. Segundo Caderno.

_____. Joyce à moda de Londres. *O Globo*, Rio de Janeiro, 15 set. 1995. Segundo Caderno.

_____. Joyce grava CD de inéditas após uma década de *revival*. *O Globo*, Rio de Janeiro, 20 fev. 1996. Segundo Caderno.

_____. MPB vive um *boom* de cantoras. *O Globo*, Rio de Janeiro, 30 out. 1996. Segundo Caderno.

_____. Roqueira refaz o caminho pelo próprio rastro. *O Globo*, Rio de Janeiro, 5 ago. 1995. Segundo Caderno.

FRÓES, Marcelo; PETRILLO, Marcos; RIVERA, Leonardo. Entrevista com Arnaldo Baptista. *International magazine*, Rio de Janeiro, jul. 1996.

_____. Entrevista com Rita Lee. *International magazine*, Rio de Janeiro, set. 1995.

GARCIA, Iderval Pereira. Poetas e Letristas. *Jornal do Brasil*, Rio de Janeiro, 21 ago. 1995.

GÓES, Frederico Augusto Liberalli de. *Gil engendra em Gil rouxinol — a letra da canção em Gilberto Gil*. UFRJ, Faculdade de Letras, 1993. Tese de Doutorado em Teoria Literária.

GUINLE, Denize Leyraud. Poetas.... *Jornal do Brasil*, Rio de Janeiro, 23 ago. 1995.

GUINSBURG, J. (org.). *O Romantismo*. 3. ed., São Paulo: Perspectiva, 1993.

HAUSER, Arnold. *História social da literatura e da arte*. São Paulo: Martins Fontes, 1995.

A história da Bossa Nova (4 fascículos). *Caras*. São Paulo: Abril, 1996.

HOLLANDA, Heloísa Buarque de. *Impressões de viagem: CPC, vanguarda e desbunde, 1960-1970*. Rio de Janeiro: Rocco, 1980.

Joyce ensaia disco em show. *Jornal do Brasil*. Rio de Janeiro, 20 nov. 1994.

JOYCE. Na cozinha com Joyce. *Jornal do Brasil*, Rio de Janeiro, 14 set. 1996. Caderno Mulher.

LACERDA, Wharryson. Rita Lee. In: *MPB compositores*. São Paulo: Globo, 1996.

LAGO, Antônio; PÁDUA, José Augusto. *O que é ecologia*. São Paulo: Brasiliense, 1984.

LAPICCIRELLA, Roberto (org). *Antologia musical popular brasileira — as marchinhas de Carnaval*. São Paulo: Musa, 1996.

LEE, Rita. *Rita lírica*. São Paulo: Melhoramentos, 1996.

LENHARO, Alcir. *Cantores do rádio — a trajetória de Nora Ney e Jorge Goulart e o meio artístico de seu tempo*. Campinas: UNICAMP, 1995.

LEONI. *Letra, música e outras conversas*. Rio de Janeiro, Gryphus, 1995.

LIMA, Ana Luisa; ALVES, Andréa. Chiquinha Gonzaga. In: *Chiquinha Gonzaga — uma homenagem*. Rio de Janeiro: Centro Cultural Banco do Brasil, 1995.

LIRA, Mariza. *Chiquinha Gonzaga — grande compositora popular brasileira*. Rio de Janeiro: FUNARTE, 1978.

LYRA, Pedro. Poetas e letristas. *Jornal do Brasil*, Rio de Janeiro, 12 ago. 1995.

_____. *Sincretismo — a poesia da geração 60*. Rio de Janeiro: Topbooks, 1995. 628 p.

LOPES, Nei. Poetas e letristas. *Jornal do Brasil*, Rio de Janeiro, 16 ago. 1995.

MELLO, Olga de. Na contramão da polêmica. *Jornal do Brasil*, Rio de Janeiro, 19 ago. 1995.

MENDONÇA, Terezinha. *Discurso feminino e masculino: uma análise através da música popular brasileira*. Rio de Janeiro: PUC, 2. sem. 1982. Dissertação de Mestrado em Psicologia.

MERQUIOR, José Guilherme. *De Anchieta a Euclides — breve história da literatura brasileira*. 3. ed., Rio de Janeiro: Topbooks, 1996.

MIGUEL, Antônio Carlos. Erros e acertos da crítica e a volta por cima de Rita Lee. *International magazine*, Rio de Janeiro, dez., 1996.

_____. Lúcia Turnbull retoma carreira solo. *O Globo*, Rio de Janeiro, 11 out. 1995. Segundo Caderno.

MIGUEL, Antônio Carlos; FERREIRA, Mauro. Moska, Zélia e Chico César encabeçam a nova MPB pop. *O Globo*, Rio de Janeiro, 6 jul. 1996. Segundo Caderno.

MONTEIRO, Marli Piva. *Feminilidade — o perigo do prazer*. 2. ed., Petrópolis, Vozes, 1985.

NETO, Braulio. Polêmica em versos. *Jornal do Brasil*, Rio de Janeiro, 13 ago. 1995. Caderno B.

OLIVEIRA, Rosiska Darcy de. *Elogio da diferença*. 3. ed., São Paulo: Brasiliense, 1993.

OVÍDIO. *A arte de amar*. Rio de Janeiro: Tecnoprint, s.d.

PEREIRA, Carlos Alberto Messeder. *O que é contracultura*. 8. ed., São Paulo: Brasiliense, 1992.

PERRONE, Charles. *Letras e letras da música popular brasileira*. Rio de Janeiro: Elo, 1988.

PINTO, José Nêumanne. Lápis de Cor. *Som Três*. Rio de Janeiro, mai. 1981.

PLATÃO. "O Banquete". In: *Diálogos*. 5. ed. São Paulo: Nova Cultural, 1991.

PONTES, Roberto. Poetas e letristas. *Jornal do Brasil*. Rio de Janeiro, 21 ago. 1995.

RAMALHO, Cristina. Brasil Suaviza o Bate-estacas. *O Globo*, Rio de Janeiro, 13 set. 1995.

REIS, Jorge Marques dos. *Em torno à relação de continuidade entre alma e natureza na literatura romântica*. Rio de Janeiro: UFRJ, Faculdade de Letras, 2. Sem. 1990. Dissertação de Mestrado em Literatura Comparada.

SANCHES, Pedro Alexandre. Fruto Proibido. *Showbizz*. São Paulo, abr. 1996.

SANT'ANNA, Affonso Romano de. *Música popular e moderna poesia brasileira*. 3. ed., Petrópolis: Vozes, 1986.

_____. *O canibalismo amoroso*. 4. ed., Rio de Janeiro: Rocco, 1993.

SAROLDI, LUIZ Carlos; MOREIRA, Sonia Virginia. *Rádio Nacional — o Brasil em sintonia*. 2. ed. Rio de Janeiro: Martins Fontes/FUNARTE, 1988. 135 p.

SILVA, Abel. Letristas e poetas. *Jornal do Brasil*. Rio de Janeiro, 6 ago. 1995.

SOUZA, Tárik de. *O som nosso de cada dia*. Porto Alegre: L&PM, 1983.

_____. *Brasil Musical*. s.n.t.

TATIT, Luiz. *A canção, eficácia e encanto*. São Paulo: Atual, 1987.

TINHORÃO, José Ramos. *Música popular: um tema em debate*. Rio de Janeiro: Saga, 1966.

_____. *Pequena história da música popular*. São Paulo: Círculo do Livro, s.d.

TOLENTINO, Bruno. Poetas e letristas. *Jornal do Brasil*, Rio de Janeiro, 16 ago.

TRIBUNA DA IMPRENSA. *Fátima Guedes*. Rio de Janeiro, 14 mar., 1995, p. 19.

VASCONCELLOS, Gilberto. *Música popular: de olho na fresta*. Rio de Janeiro: Graal, 1977.

VERÍSSIMO, Érico. *Música ao longe*. 38. ed. São Paulo: Globo, 1987.

XAVIER, Elódia. *Tudo no feminino: a mulher e a narrativa brasileira contemporânea*. Rio de Janeiro: Francisco Alves, 1991.

O

Este livro foi composto
em papel Pólen Soft LD 70g/m²
e impresso em setembro de 2015

QUE ESTE LIVRO DURE ATÉ ANTES DO FIM DO MUNDO